Rhuthmologie

Collection Essais

Dépôt légal – Février 2025
© Rhuthmos, 2025 – N° Siret : 81094682200014
14 A, rue Notre-Dame-de-Nazareth, 75003 Paris
ISBN : 979-10-95155-4-16
ISSN : 3074-7759
Impression : KDP/ICN

PASCAL MICHON

Rhuthmologie

1. Une nouvelle perspective pour le XXIe siècle

Rhuthmos

2025

DU MÊME AUTEUR

Individu et sujet en Occident. Pour une anthropologie rhuthmique, Rhuthmos, 2024.

Individu et sujet en Occident. 2. Dumont, Elias, Meyerson, Vernant, Rhuthmos, 2024.

Individu et sujet en Occident. 1. Mauss, Huizinga, Groethuysen, Rhuthmos, 2024.

Problèmes de rythmanalyse, 1, Rhuthmos, 2022.

Problèmes de rythmanalyse, 2, Rhuthmos, 2022.

Elements of Rhythmology. 5. A Rhythmic Constellation. The 1980s, Rhuthmos, 2021.

Elements of Rhythmology. 4. A Rhythmic Constellation. The 1970s, Rhuthmos, 2021.

Elements of Rhythmology. 3. The Spread of Metron. *From the 1840s to the 1910s*, Rhuthmos, 2019.

Elements of Rhythmology. 2. From the Renaissance to the 19th Century, Rhuthmos, 2018.

Elements of Rhythmology. 1. Antiquity, Rhuthmos, 2018.

Rythmologie baroque. Spinoza, Leibniz, Diderot, Rhuthmos, 2015.

Marcel Mauss retrouvé. Origines de l'anthropologie du rythme, Rhuthmos, 2015.

Fragments d'inconnu. Pour une histoire du sujet, Paris, Le Cerf, 2010.

Les Rythmes du politique. Démocratie et capitalisme mondialisé, Rhuthmos, 2015. [1re éd., Les Prairies ordinaires, 2007]

Rythme, pouvoir, mondialisation, Rhuthmos, 2016. [1re éd., PUF, 2005].

Poétique d'une anti-anthropologie. L'herméneutique de Gadamer, Paris, Vrin, 2000.

Que nul n'entre ici s'il est géomètre

Sommaire

3.

4.

Avant-propos

Cet essai cherche à ouvrir la voie vers une *rhuthmologie*, c'est-à-dire une théorie du rythme qui libère ce dernier de la domination bimillénaire du *métron* et le refonde sur le concept de *rhuthmos*, de manière de fluer, tel qu'il est réapparu sporadiquement depuis le XVIIe en Occident sur les traces oubliées de Démocrite et d'Aristote. Son premier objectif est à la fois méthodologique et ontologique. Il s'agit de nous donner les concepts dont nous avons besoin pour décrire, comprendre et affronter la fluidité organisée du monde naturel et des sociétés humaines.

Cette nouvelle théorie du rythme voudrait, par ailleurs, permettre de rénover la rythmanalyse, conçue par Bachelard et Lefebvre dans une période aujourd'hui disparue, en l'adaptant au nouveau monde dans lequel nous sommes entrés à la fin du siècle dernier. Elle voudrait la transformer en une critique *rhuthmique* et non plus métrique des processus d'individuation et de subjectivation singulières et collectives, et la rendre ainsi capable d'éclairer les nouveaux enjeux artistiques, éthiques et politiques propres au XXIe siècle. Autrement dit, elle voudrait en faire une *rhuthmanalyse*.

L'un et l'autre de ces objectifs, on le voit, exigent de sortir des représentations du rythme les plus couramment admises, mais ils demandent aussi de s'affranchir de quelques habitudes intellectuelles et manières de faire fort dommageables.

Tout d'abord, il nous faut éviter les formes de théorisation purement spéculatives pratiquées par certains philosophes déconnectés des acquis venant des pratiques artistiques, des sciences humaines et sociales, ou des sciences de la nature. C'est pourquoi cet essai est une tentative de construction conceptuelle orientée vers un usage présent et futur mais qui s'appuie sur les recherches menées depuis une trentaine d'années concernant les diverses significations prises par la notion de rythme depuis l'Antiquité, les conflits qui les ont portées, leurs limites et leurs potentiels respectifs. Il est impossible de redonner une nouvelle valeur théorique et pratique au concept de rythme sans connaître cette histoire dans ses multiples détours, sauf à considérer naïvement ou prétentieusement les travaux de nos prédécesseurs comme « dépassés » et à répéter sans s'en rendre compte beaucoup de banalités.

Ensuite, il nous faut éviter l'empirisme, à la fois paresseux et laborieux, qui s'est répandu au cours des trente dernières années, et qui est devenu un obstacle majeur à la critique du monde du XXIe siècle. Tout se passe comme si les sciences humaines et sociales, au lieu de rétablir, grâce à la réflexion, une distance par rapport aux informations qu'elles récoltent, se plongeaient, avec le soulagement de ne plus avoir à les penser, dans le flot toujours grossissant des données produites par des pouvoirs et des moyens de communication, de stockage et de tri de plus en plus puissants. Il nous faut donc réintroduire dans les sciences de l'homme et de la société une dimension théorique qui leur fait souvent défaut.

Enfin, il nous faut ouvrir les fenêtres académiques. Le cloisonnement de notre regard sur le monde actuel pose en effet une sévère hypothèque sur notre capacité à le comprendre dans toute sa complexité. L'émergence du monde fluide a rendu obsolètes non seulement les paradigmes méthodologiques et conceptuels anciens, mais aussi le repli frileux des chercheurs sur leurs disciplines. Face à ce nouveau monde, nous ne pouvons plus nous cantonner à un unique champ de recherche, qui est, du reste, lui-même le plus souvent en train de se fragmenter en d'innombrables sous-champs mal reliés les uns aux autres. La fluidité et l'ouverture qui caractérisent désormais nos sociétés font voler en éclats les limites disciplinaires traditionnelles. Les recherches concernant l'individu, le sujet, le social, l'artistique, l'éthique et le politique, sont prises dans un cercle vicieux où plus elles se spécialisent moins elles deviennent à même de comprendre l'univers qu'elles sont pourtant censées rendre intelligible.

Ce contexte très particulier explique pourquoi cet essai de construction d'une nouvelle perspective *rhuthmologique* adaptée au monde du XXIe siècle se présente aujourd'hui à la fois comme une élaboration théorique approfondie, un essai d'innovation conceptuelle rigoureux, une entreprise philosophique à part entière, et comme une tentative d'intégration de données et de réflexions venant d'un passé bimillénaire et de très nombreuses disciplines allant de la psychanalyse, la psychologie collective et individuelle, la sociologie, l'anthropologie, la science politique, l'économie et l'histoire, la médiologie, la théorie de l'information, l'esthétique, la rhétorique, la poétique et la théorie du langage, en passant par la médecine, la physiologie et la physiopsychologie, sans oublier les innombrables pratiques artistiques dont on aurait tort de négliger les contributions. Plutôt que de prétendre, à l'instar de nombre d'essayistes pressés, inventer seul, *ex nihilo* et en quelques pages rapidement bâclées, une nouvelle forme d'approche, j'ai cherché à m'introduire avec précaution dans le flux des réflexions de nos prédécesseurs, à me laisser porter par lui puis, gagnant quelque vitesse, à contribuer à mon tour à la construction de la nouvelle perspective dont nous avons aujourd'hui le plus grand besoin.

Pour rendre les choses plus accessibles, j'ai réuni dans ce livre les avant-propos et les conclusions des quatre premiers volumes, publiés entre 2018 et 2021, que j'ai consacrés à l'histoire de la notion de rythme – je consacrerai une autre publication à ceux du cinquième qui étaient trop volumineux pour être inclus ici – mais je me permets de rappeler une règle éprouvée : aucune synthèse théorique ne tient sans un appui factuel et analytique conséquent, c'est pourquoi je me permets aussi de recommander aux lecteurs d'aller voir, quand ils en auront le temps, les analyses détaillées que ces textes présentaient ou concluaient.

D'abord parus en anglais, il m'a semblé utile de mettre ceux-ci à disposition du public francophone. Outre quelques corrections et développements nouveaux introduits dans chacun des chapitres qui composent ce livre, je leur ai ajouté trois essais bibliographiques, qui voudraient rendre compte, pour le premier, des productions de la période 1870-1924 répertoriées par Ruckmich au début du siècle dernier, pour le second, d'une série de productions des années 1890-1940 que celui-ci n'avait pas pu prendre en compte, et pour le troisième, de la reprise extraordinaire, après leur effondrement des années 1950-1960, des études rythmiques au cours années 1980-2020. Outre un exposé des principales conclusions auxquelles j'ai été amené par mes recherches propres, j'espère ainsi fournir aux lecteurs un nouvel outil de travail pour approfondir et étendre les recherches sur ces questions.

Je n'ignore pas, bien entendu, les risques encourus par une telle approche transversale des choses mais, outre que j'ai toujours pris soin, au cours des quelques décennies qui viennent de passer, de pénétrer suffisamment en profondeur dans chacune de ces disciplines pour pouvoir en parler et construire prudemment à partir d'elles une nouvelle perspective théorique, je repense à ce que Dewey, au débouché d'une mutation assez proche de celle que nous venons de traverser, disait d'un travers identique des sciences humaines et sociales de son époque.

> Quand la pensée ne peut pas suivre son cours normal, elle tend à se réfugier dans une spécialisation académique en partie comparable à ce qu'on appelait la scolastique [...] La division de la connaissance sociale en branches d'enseignement indépendantes et isolées est une marque de son retard. L'anthropologie, l'histoire, la sociologie, la morale, l'économie et la science politique suivent leur chemin sans que personne ne veille à systématiser, enrichir et faire perdurer leurs interactions.[1]

Aujourd'hui, il ne tient donc qu'à nous de nous libérer, comme Dewey l'a fait à son époque, du regard « scolastique » qui a, de nouveau, envahi nos institutions

---

1. J. Dewey, *Le Public et ses problèmes* [1927], Tour, Léo Scheer, 2003, pp. 170-172.

d'enseignement et de recherche. Si nous voulons faire de la rythmanalyse une *rhuthmanalyse* adaptée au monde fluide, il nous faut parallèlement et en interaction avec celle-ci, faire de la rythmologie une *rhuthmologie* libérée de la métrique mais aussi des dévoiements de la spéculation hors-sol, de l'empirisme sans dents et de la spécialisation à outrance.

1.

Le glissement du *rhuthmòs* au *métron* dans l'Antiquité

Objectifs de cette série

Lorsque j'ai imaginé ce livre, je voulais explorer les rythmes de notre monde actuel, c'est-à-dire les manières de fluer des corps, des discours et des groupes. Mon objectif était de développer une critique plus juste que celles qui se fondent uniquement sur la lutte des classes, la déconstruction des normes ou la politique des multitudes, et de faire, si possible, quelques suggestions éthiques et politiques pour le présent et l'avenir.

Mon deuxième objectif était de rendre compte de quelques changements récents dans les sciences sociales et humaines. Depuis au moins deux décennies, le rythme a progressivement été utilisé comme outil conceptuel et pris comme objet d'investigation par un très grand nombre de disciplines.

Mais je me suis vite rendu compte que, tant sur le plan politique qu'épistémologique, la question du rythme était trop mal connue et qu'elle devait être abordée avec la plus grande prudence. Un détour s'imposait pour apporter un peu de lumière sur une question riche et complexe.

Si les changements rapides de nos sociétés – la disparition de la classe ouvrière traditionnelle, la généra-

lisation de l'individualisation des normes par le néolibé-
ralisme, l'émergence de nouveaux pouvoirs étatiques
effrayants – ont rendu clairement obsolètes nombre de
nos instruments critiques, il n'était pas certain que les
théories du rythme soient déjà suffisamment articulées
pour compenser l'affaiblissement des critiques et proposer des alternatives éthiques et politiques solides.

En outre, le changement épistémologique avait
visiblement quelque chose à voir avec les récentes
transformations du monde – le nouveau cycle dans
lequel le capitalisme est entré, la mondialisation du
commerce, de la production et de la consommation, la
diffusion de nouvelles technologies de communication, l'urbanisation croissante et la fluidification de nos
sociétés et de nos vies quotidiennes – mais il n'était
pas encore clair et certain que le *rythme* eût déjà
émergé comme un nouveau paradigme scientifique,
comme la *structure*, le *système*, l'*individu* ou la *différence* l'avaient fait au cours des décennies précédentes
du XXe siècle.

Avant de pouvoir atteindre mes objectifs, j'ai dû
remonter assez loin dans le temps. En réfléchissant sur
le rythme, nous nous retrouvons inévitablement liés à
un débat théorique très ancien qui a commencé dans la
période la plus reculée de la culture occidentale, lorsque le mot grec *rhuthmós* signifiait quelque chose
comme une « forme impermanente » ou mieux
encore, une « manière de fluer »[1] – en ce sens, la
rythmologie a immédiatement été une *rhuthmologie*.

1. É. Benveniste, « La notion de ''rythme'' dans son expression
linguistique » [1951], *Problèmes de linguistique générale*, vol. 1,
Paris, Gallimard, 1966, pp. 327-335.

Comme nous le verrons, certaines parties de cette tradition nous fournissent des outils qui sont beaucoup plus pratiques pour traiter des phénomènes dynamiques comme l'art, l'éthique ou la politique, que le concept très étroit de rythme qui est aujourd'hui communément tenu pour acquis. Malheureusement, malgré quelques brillantes résurgences, elle a été obscurcie pendant des siècles par un paradigme dominant qui a remplacé les paradigmes précédents.

Compte tenu de cette situation théorique complexe, je consacrerai le premier volume de cette étude à une présentation historique et critique des théories grecques et romaines du rythme. L'examen détaillé de ces théories nous permettra de distinguer progressivement trois paradigmes principaux – le *paradigme physique démocritéen*, le *paradigme métrique platonicien* et le *paradigme poétique aristotélicien* – et de reconstituer leur enchevêtrement à petite échelle, ainsi que leur dérive théorique à plus large échelle.[1]

---

1. Par « paradigme », j'entends un appareil conceptuel qui implique un certain nombre de points de vue ontologique, épistémologique et anthropologique particuliers, et qui a été utilisé pendant des périodes de temps variables. Je ne me réfère pas à une structure englobante de la connaissance couvrant toute une période comme « l'épistémè » foucaldienne, ni à un cadre général dans lequel sont formulées les théories, les lois et les généralisations et les expériences menées à leur appui, comme « le paradigme » kuhnien, ni même à des « outils » épistémiques fixes qui seraient complets dès le départ et ne changeraient pas dans le temps. Je les nomme d'après leurs premiers promoteurs connus, mais cela n'implique aucune immuabilité. Comme nous le verrons, chacun des trois paradigmes rythmiques originaux a connu de nombreuses transformations.

Les prochains volumes seront consacrés aux théories modernes du rythme depuis la Renaissance jusqu'à nos jours. Comme celui-ci, ils offriront à la fois des analyses philologiques détaillées et de larges discussions sur les luttes acharnées qui ont été menées au cours des cinq derniers siècles et qui ont fixé le cadre largement inconscient de nos débats actuels.

Avec cette recherche, j'espère pouvoir offrir aux lecteurs quelque chose qui leur a fait de plus en plus défaut ces dernières années : une histoire des concepts qui, au lieu de retrouver partout dans le passé notre conception commune du rythme, viserait vraiment l'inconnu ; une histoire qui, au lieu de reconstruire l'actualisation linéaire d'une « idée » définitive du rythme, impliquerait l'émergence, la lutte, la disparition et la résurgence de perspectives conflictuelles ; et enfin, une histoire qui mettrait en lumière les enjeux artistiques, éthiques et politiques émancipateurs du rythme au lieu de le réduire à ses conceptions et usages normatifs et parfois autoritaires.[Fin de l'avant-propos]

Les racines de la rythmologie occidentale

[Début de la conclusion] 1. Le premier objectif de ce livre était *d'examiner les racines les plus anciennes de la rythmologie occidentale* et de *clarifier les différents concepts* sur lesquels elle repose. Notre enquête a montré que trois paradigmes théoriques différents ont émergé entre le Ve et le IVe siècle avant J.-C. Nous avons ensuite suivi, sur une période de plus de mille ans, leurs relations complexes, leurs destins respectifs et le changement global final qui s'est produit entre le IIIe et le VIe siècle après J.-C. Le tableau d'ensemble qui résulte de cette analyse est assez complexe mais instructif.

1.1. Pour commencer, il convient de noter que le premier paradigme rythmique est apparu au Ve siècle avant J.-C. chez des penseurs matérialistes tels que Leucippe et Démocrite. Il s'est développé aux IVe et IIIe siècles avec Épicure et Archimède et a atteint son apogée au Ier siècle avant J.-C. avec Lucrèce. Après cette date, il est tombé dans l'oubli et est resté complètement absent jusqu'à son retour à la fin du XVIe et au XVIIe siècle avec Bruno, Gassendi et Spinoza.

1.1.1. Ce paradigme était très différent de la notion courante actuelle du rythme. Il était fondé sur le concept de *rhuthmós*, c'est-à-dire un concept matérialiste et proto-empiriste de la forme. Un *rhuthmós* n'était pas une « Forme », une « Idée », un εἶδος *(eîdos)*, mais une forme « telle qu'elle se présente aux yeux » de l'observateur. Il désignait communément une « disposition temporaire de quelque chose qui s'écoule ». Loin d'être extra-mondaine, elle appartenait au monde phénoménal.

1.1.2. De plus, comme le remarquait Benveniste, étymologiquement cette forme ne « désignait pas l'accomplissement d'une notion mais la modalité particulière de son accomplissement ». Elle n'était donc pas fixe, immobile et éternelle, mais elle avait, pour ainsi dire, une vie propre. Ce *rhuthmós* originel réapparut quelques siècles plus tard sous la forme du *turbo* de Lucrèce qui désignait lui aussi une forme impermanente apparaissant et persistant pendant un certain temps dans un flux, et observable par les êtres humains.

1.2. Le deuxième paradigme fut inauguré par Platon dans la première moitié du IVe siècle av. J.-C., probablement contre le précédent. Il se développa pendant la seconde partie du siècle grâce à Aristote et à ses disciples de l'école péripatéticienne, en particulier Aristoxène. Il fut finalement repris et développé par le médecin alexandrin du IIIe siècle Hérophile et ses nombreux disciples, puis transformé, au cours des deux premiers siècles de l'Empire romain, par les médecins de l'école pneumatique et surtout Galien, en une théorie médicale canonique qui allait être utilisée au moins jusqu'au XVIIIe siècle. Simultanément, le paradigme platonicien fut adopté sur le sol italien et développé plus avant, entre le Ier siècle av. J.-C. et le Ier siècle apr. par Cicéron, Vitruve et Quintilien. Il connut enfin une diffusion remarquable à travers Plotin et Aristide Quintilien au IIIe siècle apr. J.-C., Ambroise et Augustin au IVe siècle apr. J.-C., et enfin Boèce au début du VIe siècle apr. J.-C. Il constitua le paradigme rythmologique dominant tout au long du Moyen Âge et ne commença à être efficacement combattu qu'aux XVIIe et XVIIIe siècles[1].

1.2.1 Platon a profondément transformé le concept de *rhuthmós* et déterminé les traits principaux du concept de rythme pour des siècles. En soumettant le *rhuthmós* à un *métron* arithmétique, il a imposé une nouvelle doctrine des Formes contre la précédente qui était fondée sur des formes improvisées, temporaires ou des modes d'écoulement variables. Le devenir apparemment chaotique, la durée multiple et chan-

---

1. P. Michon, *Rythmologie baroque. Spinoza, Leibniz, Diderot*, Paris, Rhuthmos, 2015.

geante, pouvaient ainsi être régulièrement divisés en séries de temps alternés et rapportés à une mesure commune déterminée par une arithmétique rudimentaire et une astronomie naïve, fondées respectivement sur la série des nombres rationnels et sur les révolutions divines, circulaires et parfaites des corps célestes.

1.3. Le troisième paradigme est apparu dans diverses parties de l'œuvre d'Aristote au cours de la seconde moitié du IVᵉ siècle av. J.-C. Comme on le sait, ce dernier fut dans sa jeunesse un fidèle disciple de Platon, mais lorsqu'il atteignit une certaine maturité, il prit quelque distance avec son maître. Dans la *Politique*, la *Rhétorique* et la *Poétique*, Aristote ouvrit des espaces entièrement nouveaux à la rythmologie en analysant les rythmes des discours oratoire et poétique, qui ne pouvaient être réduits sans d'énormes pertes au paradigme platonicien. Dans le monde romain, entre le Iᵉʳ siècle av. J.-C. et le Iᵉʳ siècle apr., ce nouveau paradigme rythmique fut étrangement ignoré par Lucrèce, mais il fut néanmoins illustré par Cicéron et Quintilien, tout en étant soumis à un cadre métrique et rhétorique plus large. Par la suite, il disparut presque entièrement, sauf dans de très rares cas marginaux, en raison du rejet radical des arts empiriques par les philosophes néoplatoniciens au IIIᵉ siècle apr. J.-C. ainsi que par les penseurs chrétiens entre le IVᵉ et le VIᵉ siècles.

1.3.1. Cette troisième acception du terme *rhuthmós* est peut-être la plus difficile à restituer. Dans l'Antiquité, elle n'est encore qu'à l'état naissant, mais certains de ses éléments sont déjà perceptibles.

1.3.1.1. En bref – et c'est de la plus haute importance – le *rhuthmós* poétique peut être comparé à une transposition du concept physique de « forme » au langage et à la littérature. Du point de vue poétique, la célèbre définition platonicienne de séquence proportionnelle de durées n'est en fait qu'une partie limitée du rythme qui constitue à elle seule une catégorie beaucoup plus large. Le rythme poétique peut être défini comme *la manière dont un discours s'écoule, la modalité de son exécution* et donc *de la transmission du sens.* C'est pourquoi il ne se limite pas à l'agencement linéaire des mots, mais embrasse tous les aspects du discours : lexique, syntaxe, quantité de syllabes, accentuation, échos sonores, voix, prononciation, ton, tempo, et même débit, gestes et mimiques[1]. Le rythme poétique implique une complexité dynamique temporelle.

1.3.1.2. Si on le prend dans ce sens, le rythme apparaît comme un organisateur holistique du processus de *signifiance* qui, comme le suggérait Aristote, donne au langage son « goût » – peut-être autant que sa « musique », comme on le répète communément – c'est-à-dire sa valeur artistique, éthique et politique.

1.3.1.3. Il apporte un éclairage nouveau sur la notion physique de « forme » en la confrontant à une notion qui ne se réduit pas à un simple *turbo*, bien qu'elle partage avec elle des traits importants.

Objectifs méthodologiques et épistémologiques

2. Les seconds objectifs de ce livre étaient *méthodologiques* et *épistémologiques*. Comme celui-ci cons-

---

1 . Pour une perspective moderne sur ce phénomène, voir H. Meschonnic, *Critique du rythme. Anthropologie historique du langage*, Lagrasse, Verdier, 1982, pp. 216-217.

titue le premier volet d'une série qui devrait couvrir toute l'histoire du rythme en Occident sur deux millénaires et demi, il lui faut introduire quelques règles simples susceptibles de guider sa mise en œuvre.

2.1. Il va nous falloir, tout d'abord, traiter une profusion d'informations et donc les discuter, les trier, les classer, sans pour autant perdre en précision philologique. C'est pourquoi j'ai pris le plus grand soin de restituer, autant que possible, les textes originaux et de les retraduire si nécessaire. La plupart des traductions disponibles sont en effet entachées d'incohérences et de présupposés théoriques discutables.

2.2. Il nous faudra, ensuite, équilibrer la recherche philosophique, qui comporte toujours le danger d'une abstraction excessive, avec d'autres types de connaissances : mathématiques, physique, médecine et sciences de la vie, mais aussi linguistique, poétique, théorie du langage, histoire, sociologie, anthropologie – afin de rester au plus près des faits empiriques. Et vice versa, il nous faudra transcender le pur empirisme et la spécialisation disciplinaire stérile, qui ont malheureusement envahi le monde de la recherche ces dernières décennies, par une vision théorique plus large. Il n'y a pas de progrès de la connaissance sans observation ni sans théorie.

2.3. Il nous faudra, enfin, tenir compte d'un certain nombre d'obstacles épistémologiques qui pourraient entraver le développement ultérieur de la *rhuthmologie*. Notre analyse a montré comment le *paradigme platonicien du rythme* est devenu progressivement dominant en Occident durant l'Antiquité et pourquoi, bien qu'il ait été en partie remplacé dans les Temps modernes par d'autres modèles, il a conservé une grande puissance jusqu'à présent. Par conséquent, l'une de nos premières tâches dans les prochains volumes sera de poursuivre sa déconstruction historique en évaluant précisément ce qui lui reste de puissance, qui semble à première vue consister principalement, quand il dépasse ses usages techniques légitimes, à soutenir un idéalisme vague mais omniprésent, mais qui a aussi parfois alimenté des tentatives réactionnaires notables. Cela exigera une grande attention pour ne pas céder à aucune de ses formes modernes.

2.4. Mais nous devrons également être particulièrement prudents de l'autre côté de la fracture – celui que je propose d'appeler *rhuthmologique*. Comme nous avons pu le constater en étudiant Lucrèce, les deux autres paradigmes rythmiques partageaient une définition préplatonicienne commune du *rhuthmos* ; ils s'opposaient tous deux à la doctrine platonicienne des Formes – et donc de la science aussi bien que de l'art et de la société ; ils partageaient tous deux des présupposés empiristes et en partie matérialistes ; mais ils n'étaient pas sans quelques divergences qui leur étaient propres, qui ont eu à terme des conséquences artistiques, éthiques et politiques importantes.

2.4.1 Le paradigme physique démocritéen manquait d'une théorie du langage, d'une théorie de la poésie et plus généralement d'une théorie de l'art, qui auraient été cohérentes avec ses propres présupposés ontologiques. C'est sans doute la raison principale qui a poussé Lucrèce – et après lui Serres et peut-être même Barthes (voir vol. 4) – à proposer une éthique et une politique limitées au bien-être d'un cercle restreint d'amis. Mais le paradigme poétique aristotélicien manquait, pour sa part, d'une physique et d'une mathématique plus élaborées qui lui auraient permis de surmonter les limitations des doctrines dépassées de la nature et du nombre sur lesquelles il est resté fondé pendant des siècles.

2.4.2. Il nous faudra donc nous souvenir de cette seconde division *rhuthmologique* entre une perspective naturaliste et une perspective anthropologique, qui sera certainement très difficile à surmonter. Certes, il faut récupérer les modèles physiques et poétiques du rythme, refoulés depuis des siècles par un paradigme idéaliste omniprésent, mais il ne faut pas négliger les écarts très profonds entre, d'une part, les théories du rythme fondées sur la mathématique, la physique et les sciences de la vie, et de l'autre, celles fondées sur la théorie du langage et la poétique.

2.5. En outre, les théories du rythme fondées sur la théorie du langage ne sont pas elles-mêmes exemptes de clivages problématiques. Nous avons vu en étudiant la contribution d'Aristote à la rhétorique et à la poétique que des interprétations assez contradictoires en ont été tirées, concernant l'activité du langage, la production de sens, et notamment les statuts théoriques respectifs du rythme et de la métaphore, donc de la poétique et de la rhétorique.

2.5.1. Certains penseurs modernes, comme Derrida, Kofman et De Man, ont mis en évidence les conséquences de ce qu'ils considéraient comme la « structure du langage » et sa « composition faite de signes ». Cette vision les a incités à considérer le langage comme un flux de sens qui non seulement ne pouvait jamais être arrêté, mais qui n'avait aucune organisation. Dans cette perspective, la métaphore était tout et le rythme rien ; la rhétorique absorbait la poétique.

2.5.2. Au contraire, d'autres penseurs comme Benveniste et Meschonnic ont montré, à la suite de Humboldt, que le langage n'est pas une « structure » mais avant tout une « activité », ce qui lui confère une temporalité fondamentale mais qui ne le rend pas non plus dépourvu de toute organisation. Pour eux, et à juste titre selon moi, le rythme est plus important que la métaphore, et c'est pourquoi la rhétorique doit être incorporée à la poétique, et non l'inverse.

2.6 Il faut donc également aborder une troisième division *rhuthmologique*. S'opposer à l'idéalisme platonicien est une très bonne chose, mais si l'alternative se résume au simple poststructuralisme comme pour Derrida et la plupart de ses disciples, ou bien au pur naturalisme comme pour Serres et d'autres philosophes contemporains, nous risquons de passer à côté de l'essentiel. Il est vrai que, contrairement à la vision naturaliste de Serres, la déconstruction derridienne prend en compte le langage, mais ce qu'elle substitue à l'idéalisme platonicien n'est qu'une simple inversion de ses présupposés : il n'y aurait plus d'essence ni de présence, mais un pur flux et une pure dissolution, une *différance* infinie. La déconstruction ignore le rythme et surestime la rhétorique aux dépens de la poétique. Cette perspective a possédé un temps un certain potentiel critique à l'égard du monde systémique de la seconde moitié du XXe siècle, mais elle s'est vite révélée de plus en plus limitée dans le monde fluide qui s'est constitué à la fin des années 1990. On peut même se demander si la déconstruction et le postmodernisme ne sont pas devenus, de manière plus ou moins complice, partie intégrante de l'idéologie officielle du monde néocapitaliste. On ne compte plus les slogans déconstructionnistes et postmodernes utilisés pour vendre de nouvelles marchandises ou diffuser de nouvelles formes de vie hyperindividualistes en accord complet avec la forme marché.

2.7. En bref, la *rhuthmologie* doit faire face à trois clivages imbriqués les uns dans les autres : le premier opposant paradigmes platoniciens et paradigmes non platoniciens ; le deuxième opposant, parmi ceux-ci, paradigmes naturalistes physiques et paradigmes anthropologiques fondés sur le langage ; et le troisième opposant à son tour, parmi ces derniers, paradigmes rhétoriques et paradigmes poétiques. Ma position propre est que la *rhuthmologie* doit se situer du côté de la seconde partie de chacune de ces alternatives. C'est seulement en choisissant cette position théorique que nous pourrons développer une *conception historique et anthropologique du rythme* correctement fondée, que nous pourrons saisir réellement le sens des phénomènes rythmiques auxquels nous avons affaire, et nous opposer efficacement à l'invasion de nos vies par les exigences rythmiques provenant de pouvoirs religieux ou politiques autoritaires et délirants, ainsi qu'à leur dissolution dans les flux du marché et de la marchandise.

2.8. Les vieilles théories fondées sur la *structure* et le *système* ne peuvent plus nous aider aujourd'hui. Elles s'inscrivaient assez bien dans le monde systématisé qui s'est mis en place à la fin de la Seconde Guerre mondiale et leur adéquation a duré aussi longtemps que ce monde a existé. Dans les années 1980 et 1990, l'*individu* et la *différence* sont devenus des paradigmes importants dans les sciences humaines et sociales parce qu'ils étaient plus adéquats, chacun à sa manière apparemment opposée, à la transformation qui s'opérait. Mais maintenant, nous sommes face à un monde entièrement nouveau qui s'est formé à la fin des années 1990 et au début des années 2000. Tous les anciens paradigmes scientifiques n'ont pas encore disparu ; certains ont même encore beaucoup de succès, du moins dans les milieux académiques et culturels ; mais nous avons cruellement besoin de nouveaux paradigmes. Ma thèse est que le *rhuthmos* devrait certainement être l'un d'entre eux.

Objectifs éthiques et politiques

3. Le dernier objectif de ce livre concernait les dimensions *éthiques* et *politiques* de la rythmologie. En effet, les théories ne sont jamais dénuées de causes ni de conséquences pratiques. Nous en verrons encore de nombreux exemples lorsque nous aborderons les Temps modernes.

3. 1. En ce qui concerne les causes, pour éviter de surcharger le lecteur avec trop de considérations extérieures, je n'ai pas approfondi les contextes historiques des glissements théoriques successifs auxquels nous avons assisté. Mais il y a de bonnes raisons de croire que la dérive globale, lente, quoique parfois précipitée, de la rythmologie antique vers des vues idéalistes et, finalement, le triomphe du paradigme métrique platonicien sur ses deux concurrents, ont quelque chose à voir, d'une part, avec les glissements successifs de Cités-États plus ou moins démocratiques vers une république aristocratique, puis d'une monarchie modérée, qui remplaça cette république, vers un pouvoir

militarisé ; d'autre part, avec la transformation parallèle du groupe dominant de la société d'une aristocratie libre en une aristocratie domestiquée ; enfin, avec le basculement, au cours de la dernière période, d'un polythéisme ouvert à un monothéisme chrétien dominateur. Nous avons remarqué que cette progression était loin d'être régulière et qu'elle prenait de nombreux tournants, mais il est indubitable qu'à la fin de l'Antiquité, Ambroise, Augustin et Boèce ont tous trois promu une conception du rythme entièrement platonifiée qui allait dominer l'histoire conceptuelle occidentale jusqu'au XVIIe et XVIIIe siècle et qui, de fait, est encore la plus courante de nos jours.

3. 2. En ce qui concerne les conséquences pratiques des conceptions rythmologiques, nous avons de nombreuses preuves que chaque paradigme a impliqué des choix éthiques ou politiques particuliers – et que c'est encore le cas aujourd'hui. Il n'est pas nécessaire de répéter ici ce qui a été minutieusement analysé dans ce volume, il suffit de noter le grand fossé qui s'est formé pendant l'Antiquité à cet égard.

3.2.1. Les programmes artistiques, éthiques et politiques liés à chacun de ces paradigmes étaient fortement opposés. Alors que le paradigme métrique platonicien impliquait une régulation autoritaire par l'État et ses serviteurs des rythmes sociaux, linguistiques et corporels, les paradigmes physique démocritéen et poétique aristotélicien impliquaient tous deux, même si c'était de manière différente, la construction d'une démocratie, le développement des libertés individuelles et l'amélioration de la vie de chacun.

3.2.2. Nous avons vu comment cette finalité éthique et politique s'est considérablement transformée dans le monde grec dès la fin du IVe siècle avant J.-C., comment elle a été ensuite remaniée à la fin de la République romaine et comment elle a disparu finalement entre le Ier et le IIIe siècle dans un monde de plus en plus soumis à la domination militaire et chrétienne.

3.2.3. Au terme de cette histoire millénaire, si un chrétien devait encore se soucier du rythme, ce n'était plus pour devenir citoyen à part entière dans une Cité-État plus ou moins démocratique, ni pour jouir de la vie au sein d'un cercle restreint d'amis, ni pour se former au service public dans une République aristo-cratique, ni pour entreprendre une carrière bureaucrati-que dans un État impérial, ni même pour tenter de vivre en harmonie avec le grand cosmos vivant, loin de la politique. Les seuls objectifs légitimes étaient désormais de s'intégrer dans la communauté ecclésiale et de se préparer à la vie éternelle.

3.2.4. En d'autres termes, le concept de *rythme* n'a jamais été seulement un concept technique qui a désigné certaines caractéristiques formelles de la poé-sie, de la musique et de la danse. Il a toujours impliqué des positions éthiques et politiques qui ont parfois soutenu, parfois contesté, les tentatives de l'État, du pouvoir religieux et, maintenant, de la soi-disant « main invisible » du marché – devenue assez visible ces derniers temps – de rythmer les groupes sociaux, les corps et les discours en fonction de leurs besoins. L'un des objectifs de cette étude sera ainsi de mettre en évidence le contenu utopique de son vis-à-vis : le concept de *rhuthmos*.

Premiers retours du *rhuthmos*
du XVIe au XIXe siècle

Objectifs du volume 2

Ce livre est le deuxième volet d'une série qui devrait couvrir toute l'histoire du concept de rythme en Occident. Le précédent était consacré aux doctrines les plus importantes qui ont été élaborées entre le Ve siècle av. J.-C. et le VIe siècle apr., en Grèce et dans le Monde romain. Celui-ci a pour objectif de présenter et de discuter celles produites entre 1500 et 1900.[1]

De la fin de l'Antiquité jusqu'à la première moitié du XVIIIe siècle, le terme rythme a été utilisé dans la poésie, la rhétorique, la musique, la danse, la médecine et l'architecture, et le plus souvent considéré dans une perspective platonicienne. Cette situation a radicalement changé après 1750.

D'une part, la seconde moitié du XVIIIe siècle et le XIXe siècle ont été témoins d'une formidable diffusion du concept de rythme en deux vagues successives : d'abord en médecine, en physiologie, dans les sciences de la vie, en histoire de l'art et en philosophie ; puis, à partir des années 1860, en économie, en histoire, en

---

1. Pour les Temps modernes, puisque ce ne sont pas les termes grecs eux-mêmes mais les concepts que j'essaie de définir qui comptent, j'utiliserai les mots *rhuthmos* et *metron* sans accent.

sociologie, en anthropologie, en urbanisme et dans bien d'autres disciplines.

D'autre part, ce concept a connu des transformations de sens remarquables. En recourant à des notions telles que *ratio, mètre, période, cycle* et *battement*, la plupart de ces disciplines ont repris à leur compte le paradigme métrique platonicien traditionnel. Pourtant, en philosophie, dans les sciences naturelles et en poétique – trois formes de savoir qui ont joué un rôle déterminant dans le développement originel de la rythmologie – deux autres paradigmes ont commencé à réémerger après des siècles d'oubli et à remettre en cause la domination platonicienne séculaire : le *paradigme physique démocritéen* et le *paradigme poétique aristotélicien*.

En ce qui concerne le paradigme platonicien dominant, sa généralisation était déjà préfigurée dans l'aspect arithmétique et par conséquent universel de la définition platonico-aristotélicienne du rythme comme suite de durées organisées selon des nombres. Comme nous l'avons vu dans le volume précédent, ce paradigme s'était déjà largement diffusé dans l'Antiquité et au Moyen Âge, et il n'est pas surprenant qu'il ait pris encore de l'ampleur dans les Temps modernes. Cependant, comme nous manquons encore de données empiriques sur la seconde partie du XIXe siècle, je me limiterai dans ce volume à la première période de son expansion et à quatre disciplines : la médecine, la biologie, la métrique et la philosophie, qui ont chacune joué un rôle crucial dans ce processus. Je traiterai des autres contributions à ce mouvement de pensée de la fin du XIXe siècle dans le prochain volume.

Je serai plus précis concernant les deux autres paradigmes, qui nous intéressent le plus et qui sont toutefois beaucoup moins connus. Dans la seconde moitié du XVIIe siècle, une première brèche s'est produite dans le cadre rythmologique platonicien. Spinoza et Leibniz, inspirés par la nouvelle physique inaugurée par Copernic et Galilée, ont alors construit de nouvelles doctrines de Dieu, de la nature, de l'être et de la connaissance. Dans le cas de Leibniz, cette nouvelle tendance s'appuyait aussi sur une nouvelle mathématique qui reprenait et développait certaines des découvertes d'Archimède concernant le calcul infinitésimal (voir vol. précédent). Avec ces visions du monde dynamiques toutes nouvelles, fondées sur le mouvement, la mutation, la transformation et leurs lois, manières ou arrangements *(modi – monades)*, bien qu'ils n'usassent pas du terme de rythme lui-même, Spinoza et Leibniz reprenaient clairement certains traits fondamentaux du paradigme rythmologique physique démocritéen et lucrétien, en particulier leurs concepts de forme et d'individuation *(rhuthmoi – turbines)*. Ces penseurs divergeaient sur de nombreux sujets – en particulier sur Dieu et sa relation à la nature – mais l'un et l'autre proposaient des théories *rhuthmiques* très puissantes qui ont clairement ouvert la voie à l'extraordinaire vague d'innovations qui s'est produite au siècle suivant[1].

Au XVIIIe siècle, ce courant démocritéen s'est renforcé encore un peu plus à travers les travaux de Diderot et de Goethe qui ont alors bénéficié des progrès des sciences naturelles. Alors que la physique et l'astronomie étaient, au siècle précédent, les disciplines reines, la chimie et les sciences de la vie ont commencé

---

1. Pour plus de détails, voir P. Michon, *Rythmologie baroque, loc. cit.*, 2015.

à occuper le devant de la scène et leurs découvertes ont apporté de nouvelles données à la réflexion rythmologique. Après une éclipse due principalement à une forte réaction de la philosophie idéaliste au cours de la première moitié du XIXe siècle, le courant démocritéen a rebondi après 1870, avec les études consacrées aux présocratiques et, plus généralement, à la philosophie grecque par Nietzsche, et avec ses propres élaborations philosophiques auxquelles je consacrerai une étude détaillée dans le dernier chapitre de ce livre.

À partir de 1750, une deuxième brèche s'est ouverte dans le cadre rythmologique platonicien. Diderot d'abord, puis certains romantiques allemands, ont réintroduit certains traits fondamentaux de la perspective aristotélicienne en renouant avec la poétique, la théorie de l'art et la théorie du langage. Ce second courant *rhuthmologique*, qui surgissait quant à lui directement de l'expérience artistique, a rencontré lui aussi une résistance farouche de la part du paradigme platonicien dominant, mais il a malgré tout réussi à s'enraciner et à se diffuser. Après une période difficile durant la première moitié du XIXe siècle, il a connu une croissance spectaculaire qui a duré jusqu'à la fin du siècle grâce à des écrivains et artistes tels que Baudelaire, Wagner, Hopkins et Mallarmé, et un philosophe qui se trouvait être également un écrivain, Nietzsche.

Comme la rythmologie antique, la rythmologie moderne semble ainsi avoir été propulsée par trois forces théoriques principales parmi lesquelles le *paradigme métrique platonicien* a clairement pris le dessus et s'est répandu dans un grand nombre de disciplines et de domaines nouveaux. Toutefois, les *paradigmes physique démocritéen* et *poétique aristotéli-*

cien ont, pour leur part, connu des renouveaux extraordinaires, en se développant souvent main dans la main. Contrairement à Aristote, qui avait fondé la poétique tout en rejetant l'atomisme, et à Lucrèce, qui avait repris et développé, de son côté, l'atomisme sans se préoccuper de la poétique, Diderot, Goethe et Nietzsche ont, tous les trois, abordé les questions rythmiques simultanément sous les angles scientifique, linguistique et poétique. La nette séparation qui caractérisait les stratégies *rhuthmologiques* dans l'Antiquité semble s'être, au moins en partie, estompée durant les Temps modernes.

Ces toutes premières observations déterminent ainsi pour ce volume des objectifs bien différents du précédent. Je m'y efforcerai bien sûr d'évaluer la diffusion du paradigme platonicien durant cette période, les canaux par lesquels il s'est répandu et la pression qu'il exerce de fait encore sur nous. Mais je voudrais surtout y éclairer les extraordinaires renouveaux qu'ont connus ses deux concurrents, les alternatives qu'ils ont dessinées et les ressources qu'ils nous fournissent pour mieux comprendre et critiquer le monde fluide dans lequel nous vivons. Il s'agira donc d'évaluer la nouveauté et la cohérence de leurs combinaisons inattendues. [Fin de l'avant-propos]

L'expansion du paradigme métrique platonicien

[Début de la conclusion] 1. La période 1500-1900 a été marquée par une expansion considérable du *paradigme métrique platonicien*.

1.1. La poésie, la danse et la musique ont pour-suivi leurs traditions numériques antérieures, dans les-quelles elles ont eu toutefois tendance, à partir des années 1650, à introduire pulsation et stricte régularité. Les médecins et les physiologistes, qui donnaient au terme de rythme le sens de *ratio* et de *cycle*, ont introduit dès le début du XVIIIe siècle les concepts de *battement* et d'*oscillation*, sans pour autant abandon-ner leurs acceptions antérieures. Les sciences de la vie ont vu la généralisation par Wolff et ses disciples de la division des phénomènes en séquences temporelles inaugurée dans l'Antiquité par l'école aristotélicienne. Il en est de même en métrique et en esthétique avec Hermann, Schelling et Hegel.

1.2. Le terme « rythme », utilisé comme syno-nyme de *battement, mètre, période, cycle* ou *oscilla-tion*, est ainsi devenu un terme courant dans un nom-bre toujours croissant de disciplines : d'abord en médecine, dans les sciences de la vie, dans la théorie de l'art, en philosophie ; puis à partir des années 1860 en économie, en histoire, en sociologie, en anthropo-logie, en urbanisme et dans bien d'autres domaines.

1.3. L'importance de cette expansion ne peut être surestimée. Nous devrions prêter davantage attention à l'origine platonicienne de la plupart des concepts rythmologiques actuellement utilisés dans les sciences humaines, sociales et naturelles. Comme nous le ver-rons dans le prochain volume, lorsque nous étudierons sa deuxième vague, la perspective platonicienne non seulement affecte la description des phénomènes, qui manque souvent sa cible ou se limite à des caractères métriques non essentiels, mais distort aussi leurs dimen-sions artistiques, éthiques et politiques. Le concept platonicien à connotations autoritaires d'« eurythmie », qui traversait déjà les perspectives de Schelling et de Hegel, sera à nouveau repris et développé à la fin du XIXe siècle, sous des formes anti-métriques il est vrai, par de nombreux penseurs et praticiens tels que Steiner, Jaques-Dalcroze ou Laban, avant d'être repris, de nouveau sur des bases métriques, par les régimes autoritaires du XXe siècle.

La renaissance des paradigmes *rhuthmiques*

2. Un deuxième changement décisif doit cependant être pris en compte. La période moderne a vu une renaissance inattendue des deux anciens paradigmes *rhuthmiques* qui avaient disparu depuis le début de l'Empire romain, renaissance qui a permis de commencer à contester la domination platonicienne.

2.1. Dans le sillage des travaux de Spinoza et de Leibniz, le *paradigme physique démocritéen* a réémergé de manière spectaculaire après des siècles d'oubli. D'abord gênés par l'utilisation du terme « rythme » à des fins purement techniques – comme Lucrèce avec le terme *numerus* –, puis l'utilisant plus librement, Diderot, Goethe et Nietzsche ont tenté, chacun à sa manière, de comprendre comment rendre compte des flux organisés – c'est-à-dire des *rhuthmoi* – du monde. Chacun d'eux a ainsi développé une véritable ontologie *rhuthmique* et a changé radicalement le sens du terme rythme.

2.2. Un changement quasi simultané a concerné le *paradigme poétique aristotélicien.*

2.2.1. Dans le volume précédent, nous avons vu que cette perspective particulière sur le rythme était certainement la moins développée dans l'Antiquité – même si Aristote lui avait déjà donné des bases très solides et si l'on en trouvait aussi quelques éléments notables chez Cicéron, Quintilien et même Augustin.

2.2.2. À partir de 1750, des écrivains, des musiciens et quelques philosophes, artistes par ailleurs, ont commencé à remettre en cause, à partir de leur propre pratique, la conception idéaliste séculaire du rythme, ses formes modernes et leurs présupposés fondamentaux. Pour répondre à leurs besoins pratiques, ils ont forgé de nouveaux concepts qui reprenaient en partie leurs anciennes formes empiristes et poétiques. Ainsi, de Diderot à Nietzsche, des romantiques allemands et Humboldt à Hopkins et Mallarmé, la théorie du langage et la poétique, qui avaient été abandonnées depuis des siècles, se développèrent en de remarquables corpus *rhuthmiques* empiriques et théoriques, et contribuèrent, à leur tour, à déplatoniser le concept de rythme.

2.2.3. Avec l'effondrement de la Révolution française en 1799 et le retour à la monarchie absolue dans toute l'Europe continentale, ces deux mouvements antiplatoniciens commencèrent à rencontrer, ce n'est guère un hasard, une opposition féroce. On assista à la fois à un renforcement de la diffusion du paradigme métrique dans la poésie, la musique, la danse, les sciences de la vie, et à un effacement momentané de tous les développements esthétiques antérieurs mobilisant la poétique. Mais lorsque dans les années 1840 cette vague réactionnaire se retira, ceux-ci revinrent à l'ordre du jour artistique, scientifique et philosophique et devinrent des forces puissantes dont les effets durèrent bien au-delà de 1900.

La déflation métaphysique du concept de *rhuthmos*

3. L'un des premiers bénéfices de cette extraordinaire renaissance fut, tout d'abord, ce que l'on pourrait appeler une *déflation métaphysique* du concept originel de *rhuthmos* ou « manière de fluer ».

3.1. On se souvient que dans la tradition démocritéenne, du moins telle que nous la connaissons par Lucrèce, le cycle génération, reproduction, corruption et disparition des choses était entièrement déterminé par la transformation des *turbae*, ou populations inorganisées d'atomes, en *turbines*, ou tourbillons d'atomes – et vice versa. Les sciences naturelles recouraient alors à ce que Serres appelait « une théorie générale des turbulences » (*La Naissance de la physique*, 1977, p. 103). Dans cette vision du monde, il n'y avait pas besoin d'essences éternelles. Mais on se rappelle aussi que cette doctrine a été fortement combattue et finalement balayée par le triomphe ultérieur des visions du monde aristotélicienne et platonicienne. Tout en soutenant largement l'idéalisme, celle-là conservait, il est vrai, encore quelques éléments de l'empirisme antique. Si certaines Idées, comme les nombres, étaient toujours considérées comme célestes, la plupart d'entre elles résidaient désormais dans les choses. Les êtres individuels étaient produits par des processus qui façonnaient diverses matières selon des formes spécifiques qui étaient aussi leurs causes finales. Mais, comme on sait, la vision platonicienne proposait, elle, une perspective strictement idéaliste qui ne laissait aucune place à l'empirisme. Tout processus d'individuation, c'est-à-dire toute apparition-dans-l'être, devait être compris comme une tentative de refléter des formes d'un autre monde.

3.2. Au XVIIe siècle, deux tentatives de grande envergure ont été faites pour s'émanciper de ces deux formes d'idéalisme qui avaient, alternativement, dominé la pensée depuis la fin de l'Antiquité, et revenir à la tradition *rhuthmique* antique perdue. Cependant, pour rendre compte des progrès récents de la physique sans tomber dans les pièges symétriques du pur mécanisme ou du pur idéalisme, Spinoza et Leibniz ont remplacé les atomes passifs et immuables de Démocrite par des *modes* ou des *monades* dynamiques, et les formes platoniciennes par des *essences actuelles* ou *actives*. Comme les formes d'Aristote, celles-ci n'étaient plus séparées des choses dont elles organisaient l'émergence et étaient toujours considérées comme éternelles, mais au moins pour Spinoza – Leibniz restant fidèle sur ce point à Aristote – elles étaient désormais débarrassées de toute implication téléologique[1].

3.3. Au XVIIIe siècle, à l'instar de Spinoza et de Leibniz, Diderot et Goethe ont développé une ontologie pluraliste qui rejetait autant le concept d'Atome que celui de Forme. Mais la chimie et les sciences de la vie étaient alors en pleine croissance, c'est pourquoi l'un et l'autre ont conjecturé soit l'existence de corpuscules de matière sensible, soit un large panthéisme spinozien assimilant matière et esprit. Les êtres, vivants

---

1. Voir P. Michon, *Rythmologie baroque, loc. cit.*, 2015.

ou non, étaient à leurs yeux organisés, soutenus et dirigés par des *tendances*, qui étaient en partie équivalentes aux *essences actuelles* spinozistes (dépourvues de toute puissance téléologique) mais qui n'avaient plus de contrepartie éternelle.

3.4. Au XIXe siècle, Nietzsche a poursuivi cette déflation métaphysique. D'un côté, il a réduit l'ancien concept d'atome, qu'il considérait comme une simple projection anthropomorphique de notre propre subjectivité, à un simple point dépourvu d'extension mais doté d'une existence purement temporelle. De l'autre, il a tenté, à la fin de sa vie, de comprendre leur rassemblement en amas en recourant à un principe de Volonté de puissance à la fois infinitésimal et englobant.

Une anthropologie radicalement historique

4. Cette mutation de la *rhuthmologie* s'inscrit dans une *critique* plus large *de la métaphysique* qui a souvent été remarquée et saluée à juste titre comme une réalisation importante des Temps modernes. Pourtant, je pense que nous manquerions quelque chose d'important dans ce mouvement si nous le limitions à une simple déconstruction des présupposés de la métaphysique idéaliste. Il est en effet tout à fait remarquable que dans tous les cas – même chez Nietzsche en fait – cette déflation ontologique radicale s'est accompagnée du développement simultané d'une *anthropologie* entièrement nouvelle. C'est là, à mon avis, le deuxième bénéfice de la renaissance rythmique qui s'est produite entre 1750 et 1900 : tout en déconstruisant les sous-produits les plus invasifs de la spéculation

idéaliste, elle a mis en avant *l'observation empirique des êtres humains*, à travers trois prismes principaux : la linguistique, la poétique et l'histoire.

4.1. Bien qu'ils aient ouvert la voie à ces disciplines, Spinoza et Leibniz n'avaient pas pu les développer. C'était sans doute là leur principale limite[1].

4.2. En revanche, le XVIIIe siècle, particulièrement après 1750, a été témoin d'une première explosion des recherches dans ces domaines, recherches qui se sont développées de manière encore plus marquée au cours des XIXe et XXe siècles. L'anthropologie actuelle a certes dû surmonter les préjugés européocentristes et historicistes introduits au cours de ces années[2], mais elle doit encore beaucoup à cette période, tant en termes d'observation empirique que d'innovation théorique.

4.3. Toutes ces mutations convergeaient ainsi vers ce que je propose d'appeler une *anthropologie radicalement historique*, même si certaines d'entre elles n'en dévoilaient qu'une facette.

4.3.1. Que ce soit pour Diderot ou Humboldt, et même plus tard, comme nous l'avons vu, pour Nietzsche, le langage est apparu, tout d'abord, comme le fondement même de *l'historicité radicale des êtres humains*. En effet, en tant que *parole (le discours)*, il constitue une activité par laquelle les êtres humains pensent le monde et eux-mêmes, interagissent, forment des groupes sociaux, innovent, produisent de la poésie et de l'art, développent la science, la connais-

---

1. Pour une analyse détaillée, P. Michon, *Rythmologie baroque, loc. cit.*, 2015.

2. M. Duchet, *Anthropologie et histoire au siècle des Lumières*, Paris, Maspero, 1971 ; E. W. Said, *Orientalism*, New York, Pantheon Books, 1978.

sance et la religion. Mais en tant que *textes (les discours)*, le langage permet aussi la mémorisation, l'histoire, la culture, qui ont les unes et les autres de puissants effets rétroactifs sur les êtres humains qui les ont produits à l'origine.

4.3.2. Pour Diderot, les romantiques allemands et Humboldt, comme plus tard pour Nietzsche, Baudelaire, Hopkins et Mallarmé, le langage n'est plus composé d'une succession de signes discrets reliés par différentes règles (phonétique, syntaxique, grammaticale), mais consiste en *un système global de marques dont la manière particulière de fluer*, c'est-à-dire son *rhuthmos*, soutient la *signifiance*. Le rythme, si l'on prend ce terme au sens poétique, loin de consister en une succession linéaire de durées ou d'accents limités au vers ou à la prose périodique, apparaît comme un *organisateur global du discours* – de tout discours – impliquant toujours à la fois signifiant et signifié, affect et pensée, corps et esprit, locuteur et auditeur. Par ses rythmes, c'est-à-dire par le déploiement de systèmes de sens holistiques fluides, l'activité langagière transcende tout dualisme.

4.3.3. Enfin, pour Diderot et les romantiques allemands comme pour Baudelaire, Hopkins et Mallarmé, dans la mesure où le langage est une *activité rhuthmique* qui produit des *discours rhuthmiques*, il est déterminant dans la formation et la déformation de la *subjectivité*.

4.3.3.1. Comme le concept d'anthropologie, celui de subjectivité a eu une réputation effroyable au cours de la seconde moitié du XXe siècle. Les trois « grands maîtres du soupçon », Marx, Nietzsche et Freud, étaient censés en avoir définitivement démontré le caractère illusoire. De même, Heidegger, Gadamer, Derrida et leurs successeurs pensaient que la subjectivité était ontologiquement dissoute par le simple passage du Temps, par l'écoulement de la Tradition ou par la *Dif- férance* que lui aurait imposé la « structure » du langage et son incessant déplacement d'un signe à l'autre. Comme l'anthropologie, la subjectivité ne pouvait être que critiquée, déconstruite et réduite à sa base matérielle, corporelle, linguistique ou ontologique.

4.3.3.2. Nos recherches rythmologiques montrent à quel point ces croyances étaient éloignées de l'expé- rience empirique de la plupart des écrivains et des artistes – et même des quelques philosophes réelle- ment en prise avec l'art. La notion d'une subjectivité qui serait un être surnaturel, une âme, ou un soi naturel et intime, un *ego*, à chaque fois très mystérieusement enraciné dans le corps, doit certainement être rejetée. Mais cela ne signifie pas que nous devions jeter le bébé avec l'eau du bain. La théorie du langage et la poétique, qui se sont construites entre 1750 et 1900 à partir d'un fourmillement d'expériences empiriques, ont montré que la subjectivité humaine existe bel et bien tout en se constituant de manière très particulière.

4.3.3.3. Ces artistes ne se référaient certes pas à ce que Benveniste nommera, quelques décennies plus tard, « l'appareil formel d'énonciation » qui fournit au locuteur quelques fomes linguistiques vides – tels le *je- ici-maintenant*, le temps présent et quelques outils de modulation – n'appartenant à personne mais pouvant être occupés par tous[1]. Mais, comme nous l'avons vu à plusieurs reprises, ils ont parfaitement saisi l'exis-

---

1. É. Benveniste, *Problèmes de linguistique générale*, vol. 2, Paris, Gallimard, 1974 ; P. Michon, *Fragments d'inconnu. Pour une histoire du sujet*, Paris, Le Cerf, 2010.

tence d'un *sujet poétique*. Contrairement au *sujet linguistique* qui dépend de quelques formes d'énonciation vides, ce sujet particulier est soutenu par toute l'organisation fluide du discours. En tant que tel, il suggère à l'auditeur ou au lecteur un certain nombre de valeurs, d'émotions et de souvenirs particuliers, mais il est aussi, paradoxalement, ouvert à d'infinies réactualisations et mutations. Il transforme ainsi des expériences particulières en discours universellement partageables[1].

Le sort du matérialisme dans les Temps modernes

5. Le dernier bienfait de la renaissance *rhuthmique* qu'il convient de mentionner concerne le sort du *matérialisme* dans les Temps modernes.

5.1. Nous avons vu, dans le volume précédent, qu'il est resté très divisé pendant toute l'Antiquité. En raison de son rejet de l'atomisme démocritéen, la réflexion pionnière d'Aristote sur la poétique est restée séparée de la tradition physique. Nous ne savons pas si Démocrite a écrit sur le langage et la littérature, et ce qu'il en était éventuellement, mais le cas de Lucrèce montre assez clairement que la division est restée pleinement active jusqu'au 1er siècle avant J.-C., période après laquelle les deux paradigmes *rhuthmiques* ont l'un et l'autre complètement disparu.

5.2. Cette situation a radicalement changé après 1750. Je regrette de ne pas avoir pu fournir une étude

---

1 . H. Meschonnic, *Critique du rythme, loc. cit.*, 1982 ; P. Michon, *Fragments d'inconnu, loc. cit.*, 2010.

complète de la contribution rythmique de Goethe, qui aurait certainement enrichi notre connaissance des tensions et des influences croisées entre la poétique et les sciences naturelles au cours de la période des Lumières. C'est une recherche qui reste à faire[1]. Néanmoins, nous avons maintenant suffisamment de preuves que les deux principales branches de la pensée matérialiste, qui s'opposaient depuis des siècles, ont commencé à cette époque sinon à fusionner du moins à s'imbriquer l'une dans l'autre.

5.3. Pour la première fois en Occident a émergé une *stratégie matérialiste* qui s'appuyait simultanément sur des bases physiques et poétiques, c'est-à-dire sur des prémisses ontologiques autant qu'anthropologiques. Dans les visions du monde *rhuthmiques* de Diderot, comme dans celles de Goethe et de Nietzsche, il n'y avait plus d'opposition entre signifié et signifiant, entre pensée et langage, entre nature et culture, entre matière et esprit, entre poétique et physique. Nous avons vu que de telles réalisations étaient fragiles et que certaines rechutes et divergences mettaient encore en péril ces efforts. Néanmoins, cette nouvelle compréhension du rythme a permis de commencer à penser le matérialisme d'une manière entièrement nouvelle. J'espère pouvoir montrer dans les prochains volumes à quel point cette stratégie peut transformer notre vision des questions scientifiques et artistiques, ainsi qu'éthiques et politiques.

---

1. Pour une introduction au type particulier de matérialisme propre à Goethe, voir D. G. John, « The Duality of Goethe's Materialism », *Lumen*, n° 32, 2013, pp. 57-71.

2.

La propagation du *metron*
des années 1840 aux années 1910

Objectifs du volume 3

On dit souvent que le terme rythme a autant de sens que le nombre de personnes qui l'utilisent. Cet essai tente de démontrer le contraire. De nos jours, les définitions les plus courantes reposent toutes sur une base métrique qui s'est répandue et est devenue dominante dans notre culture au cours du XIXe siècle.

Le premier volume de cette série a traité de l'histoire du rythme dans l'Antiquité. Il a mis au jour le développement complexe et conflictuel de trois prototypes théoriques : le *paradigme physique démocritéen*, le *paradigme métrique platonicien* et le *paradigme poétique aristotélicien*. Il a également révélé l'effacement progressif, dans les derniers siècles de l'ère précédente, du premier et du troisième de ces paradigmes, au profit du second qui a acquis une suprématie complète dans les derniers siècles de l'Antiquité, avant de dominer toute la période qui a suivi jusqu'au XVIIe siècle.

Le deuxième volet de cette série avait pour objectif principal de mettre en lumière la réémergence entre 1750 et 1900, grâce à une série de poètes, d'artistes et de philosophes, des deux paradigmes disparus dans l'Antiquité et d'évaluer les conséquences de leur réintroduction dans la culture occidentale moderne, notamment leur potentiel de renouvellement, encore largement inexploité.

L'enquête sur la diffusion du paradigme platonicien s'était donc limitée à deux domaines et deux périodes particulières de grande importance pour l'histoire occidentale : d'une part, la médecine et les sciences de la vie du milieu du XVIe à la fin du XIXe siècle ; d'autre part, la métrique poétique et la philosophie idéaliste pendant les trois premières décennies du XIXe siècle. Les premiers éléments recueillis ont montré que ces différentes disciplines ont joué un rôle déterminant dans la transmission du modèle platonicien antique et médiéval aux Modernes et dans sa perpétuation jusqu'au XIXe siècle. Je n'ai cependant pas pu aller plus loin.

La recherche présentée dans ce nouveau volume a été principalement motivée par ce regret. Elle suivra les principaux canaux qui ont contribué à la diffusion du *métron* entre les années 1840 et 1910.

À partir de 1840, le modèle métrique du rythme a connu un développement spectaculaire, d'abord à travers une série de disciplines relevant des sciences naturelles. Partant de la médecine, il a pénétré au cours des années 1840 et 1850 dans la physiologie, puis au cours des années 1870 et 1890, en deux vagues distinctes, dans la psychologie et certains arts[1].

Parallèlement, il s'est répandu dans une deuxième série de disciplines, relevant celles-là de l'esthétique. De l'architecture, de la sculpture et de la pein-

---

1. R. M. Brain, *The Pulse of Modernism. Physiological Aesthetics in Fin-de-Siècle Europe*, Seattle-London, Univ. of Washington Press, 2015.

ture, où il avait été diversement utilisé depuis la Renaissance, mais aussi de la physiologie et de la psychologie où il venait de s'introduire sur des bases assez différentes, il a pénétré au cours des années 1840 dans l'histoire de l'art, où il a connu un succès progressif, avant de devenir un sujet de débats acharnés dans les années 1890 et 1900, et finalement un lieu commun dans la plupart des disciplines traitant des beaux-arts entre 1900 et 1914.

Enfin, à partir des années 1890 – donc assez tard par rapport aux deux cas précédents – il a pénétré dans la science sociale naissante où il a été transposé de la physiologie, de la musique ou parfois de la poésie, à l'économie, à la sociologie et à l'anthropologie. En 1914, le paradigme métrique platonicien a clairement pris le dessus dans une très grande partie de la vie scientifique.

Bien qu'il y ait une sorte de ressemblance très platonicienne entre tous les discours scientifiques étudiés dans cet essai, j'ai pris garde à ne pas les réduire à des traits déjà connus et de retracer minutieusement chacune de leurs façons particulières d'aborder la question du rythme. J'ai également pris soin d'identifier les nombreuses influences croisées entre ces disciplines, ainsi qu'entre elles et les pratiques artistiques qui avaient conservé l'usage traditionnel de la notion de rythme. Comme dans les volumes précédents, pour éviter la fragilité trop courante de beaucoup d'essais contemporains fondés sur des commentaires vagues de rares preuves empiriques, j'ai enfin volontairement fourni au lecteur de longues citations que j'ai souvent traduites ou retraduites moi-même pour une plus grande précision et une meilleure homogénéité conceptuelle. [Fin de l'avant-propos]

L'explosion de l'intérêt pour le rythme – la bibliographie de Ruckmich – 1890-1924

[Début de la conclusion] 1. Lorsque Christian Ruckmich, à la veille de la Première Guerre mondiale, rendit public sa première revue bibliographique sur les études rythmiques, sa liste comprenait 364 titres. Après deux mises à jour en 1915 et 1918, il publia finalement en 1924 une dernière revue qui portait l'ensemble au total extraordinaire de 742 entrées[1].

1.1. Ruckmich était un psychologue expérimental américain dans la lignée de Wundt, Meumann et Bolton et sa liste, disait-il, était « presque complète pour le domaine psychologique ». Pour les autres disciplines, les études rythmiques étaient certes très diverses, mais elles pouvaient être arrangées, selon lui, « en une série linéaire » entre les deux pôles de l'esprit et de la nature physique – et l'on pourrait ajouter : grâce à un schématisme métrique commun.

> À un extrême se trouvent les recherches dans lesquelles on tente de découvrir les corrélats mentaux des phénomènes rythmiques ; à l'autre extrême se trouvent les recherches qui visent à déterminer la base physique des événements rythmiques. (Ruckmich, 1918, p. 214, ma trad.)

1.2. Sa bibliographie voulait ainsi inclure « toutes les études publiées qui contribuent par des discussions originales au champ général du rythme dans l'un ou l'autre de ses aspects », ce qui impliquait des travaux

---

1. C. Ruckmich, « A bibliography of Rhythm », *American Journal of Psychology*, n° 24, 1913, pp. 508-512 ; n° 26, 1915, pp. 457-459 ; n° 29, 1918, pp. 214-218; n° 35, 1924, pp. 407-413. En ligne ici : https://www.rhuthmos.eu/spip.php?article2116.

relevant de « la psychologie, de la musique, des arts de la peinture et de la sculpture, de la prosodie, de la pédagogie, de l'esthétique de la danse, de la physiologie, de la biologie, de la géologie, de la physique et de la chimie » (Ruckmich, 1918, pp. 214-215).

1.3. Ce travail remarquable, pour lequel il avait reçu l'aide de bibliothécaires de l'Université de Harvard et de la Bibliothèque publique de Boston et de quelques étudiants qu'il remerciait au passage, ne permet pas de suivre finement le développement de l'intérêt pour le rythme selon les pays, comme on aurait pu l'espérer. Comme il le faisait lui-même remarquer, même s'il a pu rattraper en partie son retard dans les années 1920, le Premier conflit mondial a tari pendant un temps les ressources disponibles aux États-Unis en langue allemande et même française et italienne. De plus, les références ne fournissant pas toujours le lieu de publication, il est impossible de faire le tri, par exemple, parmi les travaux en anglais entre ceux publiés en Angleterre et ceux publiés aux États-Unis, ou bien parmi les travaux en allemand entre les publications allemandes, autrichiennes ou d'Europe centrale.

1.4 Par ailleurs, Ruckmich, qui suit les critères académiques de son époque, laisse de côté nombre de travaux de réflexion et de réalisations artistiques. Rien sur la philosophie. Rien non plus sur la sociologie et très peu sur l'anthropologie. Du côté des arts, mis à part, quelques références concernant la métrique poétique, la musique et la danse, on ne trouvera rien dans sa bibliographie sur les mouvements littéraires, picturaux, cinématographiques et même architecturaux de son époque. Rien non plus sur les modèles non métriques du rythme ; celui-ci n'apparaît dans sa bibliographie que sous la forme platonicienne la plus commune.

1.5 En dépit de ces limites, les quatre biblio-graphies successives établies par Ruckmich, à peu près au mitan de la période 1890-1940, nous offrent un panorama unique et très instructif.

1.5.1. On y voit, tout d'abord, l'extraordinaire dif-fusion de la notion de rythme à travers des disciplines extrêmement variées allant, selon une seconde liste donnée plus tard, de « la musique, la littérature, l'esthé-tique, [aux] sciences biologiques, physiologiques et psy-chologiques » (Ruckmich, 1924, p. 407).

1.5.2. Une fois mises en séries, les dates de publi-cation qui y sont fournies offrent également des infor-mations très intéressantes sur la montée de l'intérêt pour le rythme à partir des années 1870 et surtout des années 1890. C'est alors un véritable raz de marée qui traverse les sciences et pratiques artistiques de la Belle Époque et qui va les porter encore durant les deux décennies de l'entre-deux-guerres. Sauf erreur de ma part, ce sont ainsi 742 entrées qui sont finalement répertoriées.

Date des bibliographies	Nombre de références	Publications parues de 1750 à 1870	Publications parues de 1870 à 1890	Publications parues de 1890 à 1924
1913	364	9 %	8,8 %	82,2 %
1915	67	17,9 %	13,4 %	68,7 %
1918	117	2,5 %	2,6 %	94,9 %
1924	194	3,6 %	4,1 %	92,3 %
Total final	742	7,4 %	7 %	85,6 %

Évolution des publications sur le rythme selon Ruckmich
du milieu du XVIIIe siècle au début du XXe siècle

1.5.2.1. Ruckmich prend soin de répertorier un certain nombre de travaux antérieurs à 1870, dont les plus anciens remontent à la deuxième moitié du XVIIIe siècle. Ces travaux représentent 7,4 % des 742 entrées finales. On note, au passage, que cette recherche des références les plus anciennes s'est manifestement accentuée au début de la Guerre, au moment où les publications les plus récentes venant d'Europe ne circulaient plus.

1.5.2.2. Mais Ruckmich est aussi attentif aux publications, à peu près aussi nombreuses que les précédentes, 7 % du total final, qui ont été réalisées entre 1870 et 1890. Ce chiffre pourrait sembler peu significatif à première vue, mais il montre que l'intérêt pour le rythme est déjà vif pendant cette période, qui ne couvre qu'une vingtaine d'années au cours desquelles à peu près autant de travaux ont été publiés que pendant les 120 années précédentes.

1.5.2.3. Bien sûr le fait historique principal qui nous concerne ici s'est produit pendant la dernière période couvrant les années 1890-1924. C'est alors que l'immense majorité des références répertoriées par Ruckmich ont été publiées, soit 85,6 % du total final.

1.5.3. Si la répartition précise par pays est difficile à cerner, on peut toutefois repérer une évolution par zone linguistique qui donne, tout d'abord, une nette avance aux productions en langue allemande avant 1914, puis une montée en puissance rapide, entre 1913 et 1924, des productions en langue anglaise, qui passent, à ce moment-là, devant les précédentes, et un développement moins important mais non-négligeable des travaux en français et même en italien.

1.5.3.1. En 1913, sur les 364 titres répertoriés, on en compte 47 % en allemand, 42,6 % en anglais, 8 % en français, 2,4 % en italien, latin et néerlandais; mais en 1924, parmi les 378 titres supplémentaires qui ont été ajoutés entre-temps, on en compte 28,3 % en allemand, 55,8 % en anglais, 13,2 % en français, 2,7 % en italien, latin et néerlandais. Au total, en 1924, la répartition finale est la suivante : sur 742 entrées, 37,5 % ont été publiées en allemand, 49,3 % en anglais, 10,7 % en français, 2,5 % en italien, latin et néerlandais.

Périodes	1750-1913	1913-1924	1750-1924
Nombre d'entrées	364	378	T = 742
En allemand	47 %	28,3 %	37,5 %
En anglais	42,6 %	55,8 %	49,3 %
En français	8 %	13,2 %	10,7 %
En ital., latin et néerlandais	2,4 %	2,7 %	2,5 %

Évolution des publications sur le rythme selon Ruckmich par langue

1.5.3.2. Au moins au travers de ce que nous pouvons voir dans les bibliographies de Ruckmich, l'intérêt pour le rythme qui était au départ majoritairement germanophone, s'est mis, au cours d'une période très courte de 11 ans, à s'exprimer de plus en plus en anglais et en français, jusqu'à atteindre 60 % du total final.

2. Du fait de cette incroyable expansion disciplinaire, de cette spectaculaire multiplication et de cette internationalisation, le temps semblait donc venu, comme

le notait Michael Golston, « pour qu'une science du rythme fût formulée comme un champ théorique à part entière »[1]. Cependant, paradoxalement, « *aucune étude complète du rythme* ne fut jamais réalisée pendant la période en question ; le sujet ne fut jamais publiquement thématisé ou élaboré en tant que tel. On trouvait plutôt des questions rythmiques informant, à des degrés divers, un nombre significatif de discours à différents moments au cours de la première moitié du siècle » *(ibid.)*. Le rythme apparaissait davantage comme « un champ flottant, pour ainsi dire, informant implicitement une variété de disciplines » *(ibid.)* que comme un concept scientifique clairement défini.

2.1. Comme le remarquait encore Golston, ce succès et ce paradoxe soulevaient une série de questions : pourquoi, tout d'abord, un essor aussi soudain et puissant à partir des années 1890 ? Pourquoi, ensuite, une notion aussi répandue dans un si vaste éventail de disciplines ne fit-elle jamais l'objet, à l'époque, d'une véritable recherche théorique en tant que telle ? Quels étaient alors les mécanismes par lesquels la notion de rythme « était "transférée" d'un discours à l'autre » ? Enfin, comment aujourd'hui « rassembler, cartographier et analyser » l'usage répandu de cette notion « entre 1890 et 1940 » ? *(ibid.)*

2.1.1 La réponse de Golston à la première question était en réalité assez limitée. S'intéressant surtout aux conséquences éthiques et politiques postérieures de ce

1. M. Golston, « "Im Anfang war der Rhythmus" : Rhythmic Incubations in Discourses of Mind, Body, and Race from 1850-1944 », *Stanford Humanities Review*, vol. 5, supplement : Cultural and Technological Incubations of Fascism, 1996.

complexe rythmique, il faisait rapidement allusion à « l'ère des machines du début du xxe siècle » et se contentait de décrire l'essor quantitatif des études consacrées au rythme dans les vingt-cinq années précédant la Première Guerre mondiale. Il faisait très peu de commentaires sur la période précédente.

2.1.2. Golston répondait aux deuxième et troisième questions qu'il avait posées en donnant à la notion de rythme le rôle d'« incubateur idéologique », c'est-à-dire d'un principe suffisamment vague et ductile pour être adapté et devenir productif dans un large éventail de disciplines.

Comme le dit Ruckmich, du fait que la question du rythme fût si facilement « transposable » d'une discipline à l'autre, elle agit comme un incubateur idéologique, capable de traverser facilement et d'informer implicitement divers domaines discursifs. Historiquement, production spécifique de l'ère des machines du début du xxe siècle, dans laquelle, comme le suggère Ruckmich, il allait jouer un rôle théorique majeur, le rythme était prêt dès 1913 à être déployé dans des relations théoriques génératrices avec et dans un ensemble significatif de discours sociaux, politiques et scientifiques. (Golston, 1996, ma trad.)

2.1.3. Enfin, Golston répondait à la dernière question en considérant le complexe rythmique d'avant-guerre comme une « topographie incubative » annonçant les usages postérieurs faits par les régimes totalitaires des années 1920 et 1930.

Après être devenu un objet de recherche en psychologie, en physiologie et en musicologie au début du xxe siècle, le rythme a été « transféré » dans les études de génétique et d'eugénisme, tout en jouant un rôle important dans les théories du travail et de l'éducation des enfants. Finalement enrôlé par le discours fasciste, il a été utilisé comme outil de propagande pour la construction de corps-sujets codés génétiquement, ainsi que celle du corps de l'État, lui-même conçu comme un ensemble complexe de rythmes personnels, physiologiques, biologiques, raciaux, industriels, psychologiques et historiques en interaction les uns avec les autres. Ainsi, en examinant les théories du rythme telles qu'elles ont été progressivement élaborées et telles qu'elles se sont influencées les unes les autres dans la première moitié du XXe siècle, nous sommes en mesure de retracer, en quelque sorte, une topographie incubative en train de se faire et de parvenir à une compréhension des mécanismes par lesquels les discours scientifiques et théoriques ont été utilisés à des fins idéologiques. (Golston, 1996, ma trad.)

2.2. Depuis les travaux de Michael Golston[1], d'autres chercheurs ont confirmé et complété son enquête. En Allemagne Christine Lubkoll (2002), Inge Baxmann & Melanie Gruss (2009), en France Pascal Michon (2005), Laurent Guido (2007) et Olivier Hanse (2010) ont examiné en profondeur le contexte sociologique, idéologique, artistique et politique du complexe rythmique développé entre la dernière décennie du XIXe siècle et la première moitié du XXe siècle[2].

1. Voir également, M. Golston, *Rhythm and Race in Modernist Poetry and Science: Pound, Yeats, Williams, and Modern Sciences of Rhythm*, New York, Columbia Univ. Press, 2008.
2. C. Lubkoll, « Zum Konnex von Lebensphilosophie und ästhetischer Moderne um 1900 », in C. Lubkoll (éd.), *Das Imaginäre des Fin de Siècle : ein Symposium für Gerhard Neumann*, Freiburg in Breigau, Rombach, 2002 ; I. Baxmann & M. Gruss, *Arbeit und Rhythmus – Lebensformen im Wandel*, München, Wilhelm Fink, 2009 ; P. Michon, *Rythme, pouvoir, mondialisation. Sur les formes anciennes et nouvelles des processus d'individuation*, [2005], Paris, Rhuthmos, 2016 ; L. Guido, *L'Age du rythme. Cinéma, musicalité et*

2.3. Pour ce nouveau livre (2019), je me suis concentré, pour ma part, sur l'aspect rythmologique du problème. Les éléments rassemblés ici confirment et complètent clairement les contributions précédentes, mais ils permettent aussi de répondre de manière quelque peu différente à certaines des questions soulevées par Golston.

Contexte historique – la « première mondialisation » – 1890-1914

3. En ce qui concerne l'explosion de l'intérêt pour le rythme au cours de la période 1890-1914, notre enquête a montré qu'il faut en fait remonter bien plus haut dans l'histoire occidentale. Si la Belle Époque a vu, dans de nombreux domaines, une multiplication notable des études universitaires sur le rythme, accompagnée d'une véritable « rythmomanie » chez les artistes, chez les danseurs et chez les pédagogues, cet essor ne s'est pas produit d'un coup *ex nihilo*.

3.1. Comme nous l'avons vu dans le vol. 2 et dans les bibliographies fournies par Ruckmich lui-même, de nombreuses recherches utilisant déjà intensivement la notion ont été menées dès les années 1840 et 1850 en médecine et en sciences naturelles ainsi qu'en esthétique, en histoire de l'art, sans parler des conceptions

culture du corps dans les théories françaises des années 1910-1930, Lausanne, Payot, 2007 ; O. Hanse, *À l'école du rythme... Utopies communautaires allemandes autour de 1900*, Saint-Étienne, PUSE, 2011. Voir également, H. Günther, « Historische Grundlinien der deutschen Rhythmusbewegung », in G Brünner & P. Röthig (éd.), *Grunlagen und Methoden rythmischer Erziehung*, Suttgart, Klett, 1971.

alternatives du rythme, déjà développées par certains poètes, musiciens, musicologues et philosophes. Il y a eu un large mouvement de diffusion de la notion de rythme tout au long du XIXe siècle et même avant.

3.2. Comme dans les volumes précédents, je n'ai pas voulu distraire dans celui-ci l'attention du lecteur par des considérations historiques trop nombreuses. Cependant, sous réserve d'une étude plus approfondie, cette diffusion – dans ses formes platoniciennes comme antiplatoniciennes – semble assez bien s'expliquer par les changements remarquables qui se sont produits dans la plupart des sociétés occidentales au cours du XIXe siècle et tout particulièrement au cours de la « Belle Époque ».

3.3. Pour nous limiter à un aperçu rapide, on peut rappeler ici les faits suivants : dès les dernières décennies du XVIIIe siècle, la Grande-Bretagne est entrée dans une nouvelle phase de modernisation économique et urbaine ; la France a suivi à sa manière dans les premières décennies du XIXe siècle. Après 1850, ce mouvement s'est étendu à la plupart des pays d'Europe occidentale et centrale ainsi qu'aux États-Unis, s'accélérant à partir de la fin de la « Grande dépression » (1873-1896).

3.4. À cette coupe que l'on pourrait appeler « longitudinale », il est nécessaire d'ajouter par ailleurs une coupe « transversale ». Il nous faut en effet sortir des interprétations expliquant l'intérêt pour le rythme par les seules caractéristiques d'une culture particulière, comme on le voit souvent dans les travaux sur l'Allemagne de l'époque Wilhelminienne. Si les facteurs propres à ce pays, en particulier le rôle qu'y joue la *Bildungsbürgertum*, ce milieu bourgeois cultivé mais sans ouverture politique, concurrencé par une bourgeoisie d'affaire et un prolétariat en rapide expansion, expliquent certainement le désir d'une *Lebensreform* – Réforme de la vie qui s'opposerait à la fois à la mécanisation, à la marchandisation galopantes et au désir de Révolution des classes inférieures, ils ne peuvent expliquer la raison du choix de fonder cette « réforme de la vie » sur le rythme lui-même, ni pourquoi on retrouve ce thème dans d'autres pays et d'autres milieux sociaux sans liens avec cette « bourgeoisie cultivée » allemande et ses frustrations. Vu la concomitance, dans les différents pays d'Europe et d'Amérique du Nord, de la multiplication des travaux et de la diversification des disciplines intéressés par le rythme, il est nécessaire, tout en tenant compte bien sûr des contextes culturels nationaux et sociaux, d'élargir l'interprétation aux mutations globales que connaissent à l'époque l'Europe et l'Amérique du Nord.

4. À cet égard, on doit noter qu'entre la fin de la Grande dépression et la Première Guerre mondiale, les dynamiques qui se sont mises en marche au cours du XIXe siècle s'accélèrent, s'exaltent les unes les autres, mais aussi se renforcent de nouvelles transformations totalement inédites qui rétroagissent sur les premières, bouleversant au passage profondément la vie quotidienne, les formes d'habitat, les relations sociales et les imaginaires. C'est l'époque de ce que l'on a appelé la « première mondialisation ».

4.1. On observe ainsi pendant cette courte période une multiplication et une accélération des changements : urbanisation généralisée et multiplication des « grandes villes » ; seconde révolution technologique et industrielle (pétrole et électricité ; travail à la chaîne) ; explosion des moyens de communication (poste, télégraphe, téléphone), d'information (presse, radio) et de transport (chemin de fer, marine à vapeur, automobile, aviation) ; foisonnement du commerce international et internationalisation du marché des capitaux ; supériorité renforcée du capitalisme financier sur le capitalisme industriel ; fusions d'entreprises et construction de conglomérats géants qui vont dominer les marchés du siècle suivant ; déchaînement des moyens de reproduction des images et des sons qui déréalisent le monde (photographie, cinéma, disque) ; pénétration de la technique dans les corps ; fluidification des formes d'organisation sociale et des formes d'individuation.[1]

4.2. Par ailleurs, l'ordre mondial, qui était resté jusque-là fondé sur la concurrence westphalienne traditionnelle entre les États, se transforme, pour la première fois, en un double système à la fois plus intégré et plus tendu, donc dans un certain sens plus stable mais aussi témoin de crises de plus en plus violentes qui vont déboucher rapidement sur le Premier conflit mondial. C'est l'époque de l'« Entente cordiale » de la France avec le Royaume-Uni (1904) puis de la « Triple entente » des deux précédents avec la Russie (1907), qui stabilisent pendant quelques années les relations internationales à travers l'association des trois plus grands empires de la planète. Mais c'est aussi l'époque d'une concurrence renforcée avec un système concurrent, la « Triple alliance » de l'Allemagne, de l'Autriche-Hongrie

1. Suzanne Berger, qui prône avec justesse l'intérêt des « leçons » de l'histoire, note un certain nombre de ces transformations, mais elle en oublie quelques-unes qui ne sont pas négligeables, comme celles des formes d'organisation et d'individuation. De plus, elle a tendance à sous-estimer l'impérialisme au nom de raisons purement comptables. S. Berger, *Notre Première Mondialisation. Leçons d'un échec oublié*, Paris, Le Seuil, 2003.

et de l'Italie, et d'une course aux armements, qui vont finalement aboutir à la déflagration de la Première Guerre mondiale.

5. Ce rapide tour d'horizon permet d'ébaucher une première explication de la diffusion de l'intérêt pour le rythme à la fin du XIXe siècle et au début du suivant, différente de celle avancée par Golston, à partir d'une simple comparaison formelle, qui faisait du rythme « historiquement, [une] production spécifique de l'ère des machines ».

5.1. L'accélération et l'imbrication de plus en plus étroite des mutations, qui viennent d'être rappelées, expliquent mieux, me semble-t-il, l'importance croissante accordée à partir du milieu du XIXe siècle au caractère dynamique ou processuel des phénomènes observés dans chaque science ou chaque art particulier, la nécessité d'évaluer leur organisation temporelle.

5.2. D'où, peut-on ajouter, un recours de plus en plus fréquent au rythme dans son sens métrique le plus courant, mais aussi l'émergence de concepts de rythme non-métriques nouveaux mieux adaptés au nouveau monde fluide en formation.

5.3. Ce cadre très général explique aussi que la compréhension des phénomènes rythmiques et surtout leur évaluation artistique, éthique et politique soient sujettes à des orientations extrêmement diverses et parfois totalement opposées – j'y reviendrai plus bas. Il ne contient pas en effet, par lui-même, d'éléments de jugement qui varient, en fait, selon les milieux sociaux, les contextes politiques et culturels auxquels il nous faut les rapporter pour vraiment les comprendre.

Sur l'absence de thématisation du rythme et ses transferts entre disciplines – la domination métrique

6. Concernant le paradoxe d'une notion qui se répand dans un vaste ensemble de disciplines sans jamais faire l'objet d'une investigation théorique pour elle-même, les analyses idéologiques sont certainement précieuses mais elles ne prennent en compte qu'une partie de cette histoire : elles ne traitent des discours sur le rythme que sous l'angle de leurs conséquences éthiques et politiques, c'est-à-dire de leurs développements ultérieurs. Or, si ces derniers doivent certainement être pris en considération sérieusement, il faut aussi examiner leurs contenus scientifiques, théoriques ou artistiques spécifiques, c'est-à-dire prendre en compte non seulement le contexte dans lequel ils ont été élaborés mais aussi leur histoire passée, qui remonte, on l'a vu, jusqu'à l'Antiquité.

6.1. Si l'on reconnaît correctement le rôle structurant joué en la matière par le paradigme métrique platonicien, et l'ignorance, l'indifférence, voire l'hostilité constantes aux défis venant de la poétique, de l'art ou de la philosophie qu'il implique, il devient possible de répondre à l'interrogation de Golston sur le manque de thématisation théorique appropriée. L'acceptation inconsciente et généralisée du *modèle métrique* explique qu'il n'ait jamais été réellement problématisé. La plupart des scientifiques mais aussi des artistes du XIXe siècle considéraient le mètre comme un phénomène naturel et non comme un concept ayant sa propre histoire complexe et discutable.

6.2. Par ailleurs, la ductilité du terme rythme et son transfert fréquent d'une discipline à l'autre, autrement dit son caractère idéologique, deviennent plus clairs. Bien que des changements et des différences subtiles aient parfois été mis en œuvre, les divers usages scientifiques et artistiques sont restés dans les limites plus larges d'une acception unique qui constituait un champ homogène permettant des translations faciles et inoffensives.

6.3. Enfin, l'accent mis sur les racines platoniciennes jette un éclairage nouveau sur l'utilisation massive de la notion de rythme dans les années 1920 et 1930 par les régimes autoritaires qui, plus ou moins consciemment, renouaient avec l'éthique et la politique autoritaires associées, dès son origine, à la réduction platonicienne du rythme au mètre (voir vol. 1, chap. 2).

Des usages minoritaires de la notion de rythme – volutes *métriques* et émergences *rhuthmiques*

7. En ce qui concerne maintenant la manière de « collationner, cartographier et analyser » l'usage répandu de la notion de rythme, c'est là que la différence entre la perspective *rhuthmologique* défendue dans ce livre et celles des études précédentes est peut-être la plus grande.

7.1 L'observation montre que nous devons, tout d'abord, mieux différencier les divers usages disciplinaires et, dans chaque discipline, leurs transformations successives.

7.1.1. Bien que les définitions scientifiques du rythme soient restées globalement dans le cadre platonicien, celles-ci ont sensiblement changé durant la seconde moitié du XIXe siècle. Il y a, par exemple, une différence notable entre la définition médicale séculaire et celle promue, à partir des années 1850, par les physiologistes qui remplacent *les intervalles de temps proportionnels successifs* par *une succession régulière de battements séparés*, puis, au cours des dernières décennies du XIXe siècle, par *une forme ondulatoire continue.*

7.1.2. En raison du prestige considérable de la physiologie au XIXe siècle et du lien historique entre les deux disciplines, on ne s'étonnera guère de constater les mêmes transformations en psychologie, lorsque celle-ci commence à émerger après 1870 comme discipline scientifique indépendante, même si certaines influences de la métrique poétique ou musicale ont pu parfois complexifier ses propositions.

7.1.3. Il en est, en effet, de même en musique. Alors qu'il y était généralement fondé sur *des battements réguliers* et *un arrangement arithmétique d'intervalles de temps, écrits sur une partition*, le rythme commence, tout en restant lié à la mesure qui est sa condition première, à être de plus en plus considéré comme *le délai introduit par le musicien, au cours de son interprétation*, entre *l'arrangement écrit* et *les notes qu'il joue réellement*. Dans quelques cas, il est même parfois conçu comme *l'organisation globale* d'une pièce de musique, ce par quoi elle acquiert une *cohérence dynamique.*

7.1.4. Enfin, on observe une orthodoxie métrique globale similaire et des glissements locaux comparables dans les concepts utilisés par les sciences sociales émergentes qui, après 1890, passent de *la succession de battements*, sous la plume de Bücher, aux *oscillations régulières* et aux *cycles* dans les études d'Aftalion, de Mitchell ou de Mauss.

7.1.5. Naturellement, toutes ces nouvelles acceptions ne suppriment pas purement et simplement les plus anciennes qui continuent à être utilisées simultanément, au moins pendant un certain temps, de sorte que l'histoire conceptuelle du paradigme platonicien dans les sciences du XIXe siècle ressemble à un arbre dans lequel jeunes pousses et anciennes branches se côtoient, se croisent ou s'écartent sans ordre prédéterminé.

7.2. Deuxièmement, nous devons mieux identifier les diverses alternatives à la notion commune de rythme qui font surface, ici et là, durant cette période.

7.2.1 Tout d'abord, il faut noter l'émergence en histoire de l'art, avec Riegl (1858-1905) puis Wölfflin (1864-1945), d'une perspective formaliste, radicalement anti-rythmique, qui va bientôt se renforcer avec les interprétations structuralistes de la linguistique de Saussure d'après-guerre par Jakobson (1896-1982) et Hjelmslev (1899-1965), et qui jettent les bases d'une « déshistoricisation » et d'une « détemporalisation » complètes de la méthode scientifique. Cette perspective émergente implique une rupture radicale avec la majeure partie de la vie scientifique du XIXe siècle, mais elle se fait aux dépens du concept de processus lui-même et, de plus, paradoxalement, sur des bases ultra-platoniciennes. L'alternative formaliste fusionne en effet le concept hégélien d'*Esprit* d'une époque, la notion architecturale classique d'*Eurythmie* comme ensemble de proportions harmonieuses, et les notions poétique et musicale traditionnelles du *Rythme* comme succession de mètres.

7.2.2. Il faut cependant faire la différence entre cette alternative apparente qui, sous la surface brillante de son radicalisme, conserve le cœur de la perspective platonicienne, et des voies divergentes moins visibles,

« mineures » au sens deleuzo-guattarien. Alors que les études citées plus haut visaient principalement à reconstruire la fabrication d'un discours idéologique englobant qui s'est ensuite répandu au cours de la première moitié du XXe siècle, cet essai a tenté de retracer le principal *rhuthmos* ou manière de fluer de la vie scientifique du XIXe siècle sans sacrifier les tourbillons ou *rhuthmoi* plus subtils qui se sont produits sur ses côtés. Ainsi, contrairement aux recherches récentes sur les idéologies, pour lesquelles naturellement aucune exigence de cohérence interne ne s'applique – mais aussi aux conceptions structuralistes plus anciennes des « paradigmes » scientifiques et artistiques, telles que celles promues dans les années 1960 par Kuhn et Foucault, et plus récemment par Sherringham, dans lesquelles toute production scientifique ou artistique d'une époque donnée est nécessairement cohérente avec son cadre général, j'y reviendrai plus bas –, il a été possible de documenter, dans le « paradigme rythmologique métrique » qui a dominé le XIXe siècle, l'existence de mutations internes, voire de *rhuthmoi* critiques naissants.

7.2.3. Le paradigme platonicien a en effet non seulement connu un vaste processus de ramification, mais il a aussi parfois été témoin de la croissance de lignes divergentes, ou mieux encore, de volutes, inspirées le plus souvent par la poétique, mais parfois aussi par les sciences naturelles. Parmi celles-ci, les plus remarquables furent probablement la critique de la métrique par Brücke et son rejet de la prononciation non naturelle de la poésie allemande (dans ce vol. chap. 1) ; le rejet par Meumann des théories métriques de son temps motivé par son intérêt pour le langage non pas seulement en tant qu'écrit mais aussi comme parole prononcée, ainsi que par son attention à l'ensemble des processus rythmiques au sein du sujet qui entend le vers prononcé (chap. 3) ; l'insistance de Schnaase sur le fait que le rythme dans le langage ne doit pas être réduit à la succession de blocs métriques (qu'ils soient quantitatifs ou accentuels) mais doit être élargi à l'entrelacement longitudinal de ces blocs dans et par le flux du son-sens (chap. 6) ; la comparaison de Kugler entre le rythme artistique et un « organisme » ou un « système vivant », ou la théorie de Semper sur « l'incorporation de séries alternées dans des totalités artistiques » (chap. 6) ; la reconnaissance par Schmarsow du fait que le rythme est certes composé de parties, qui peuvent aller de simples éléments réguliers à des arrangements complexes, mais que ces parties doivent être simultanément portées par « le flux continu de l'ensemble » (chap. 9) ; et la reconsidération par Mauss de l'ensemble de la « physiologie sociale » à la lumière du système dynamique plus vaste des signifiants linguistiques ou extralinguistiques responsables des effets pragmatiques de la magie ou du rituel religieux (chap. 16).

7.2.4. Bien que la description de la diffusion du *métron* entre les années 1840 et 1910, et de ses effets structurants, contraignants et limitatifs sur la recherche, ait été ma principale préoccupation, ces volutes inattendues, à la fois à l'époque et pour l'historien, sont peut-être les découvertes les plus passionnantes apparues lors de cette longue enquête.

7.2.5. Comme nous avons commencé à le voir dans le vol. 2 et comme nous allons le voir plus en détail dans le chapitre suivant, ces bifurcations font en effet souvent écho à des intuitions développées par ailleurs, par un nombre conséquent d'artistes, de poètes et de philosophes depuis le XVIIIe siècle (voir vol. 2), et anticipent clairement d'autres transformations pratiques et théoriques importantes qui vont marquer la littérature et les arts occidentaux avant et après la Première Guerre mondiale.

7.2.6. En outre, elles jettent un éclairage nouveau, même s'il reste indirect, sur les innovations contemporaines anti-métriques en philosophie, comme le « courant de conscience » jamesien, la « durée » bergsonienne, la « structure d'action et d'écoulement » whiteheadienne ou la « dialectique de la durée » bachelardienne ; et en sociologie, sur l'intérêt de Tarde pour les « flux de l'opinion publique » sous l'influence des médias de masse ou sur la préoccupation de Simmel pour les conséquences sociales et psychologiques « liquéfiantes » de l'utilisation de l'argent – j'y reviendrai dans le prochain chapitre .

7.3. Face aux exigences empiriques de sociétés en mutation rapide, la plupart des scientifiques ont réagi en empruntant aux sciences naturelles des concepts métriques ou paramétriques qui avaient rencontré un succès remarquable depuis la première moitié du XIXe siècle. Pourtant, d'autres chercheurs, du fait de leur formation, de leur attention aux données empiriques, de leur intérêt pour les dernières avancées en arts visuels, en musique, en danse et en poésie, ou peut-être simplement du fait de leur esprit d'innovation, ont introduit de nouveaux concepts anti-métriques qui allaient révolutionner la *rhuthmologie* du XXe siècle. J'espère pouvoir un jour étendre mes recherches à ces autres voies pour revenir au problème crucial de l'organisation des processus – qu'il s'agisse de ceux du langage, de la psyché ou de la société.

Effervescence, propagation et effondrement du rythme des années 1890 aux années 1960

Considérations intermédiaires

Comme on l'a vu dans le chapitre précédent, le rythme est devenu, à partir des années 1890, l'objet d'un intérêt proliférant dans de très nombreux champs du savoir scientifique et dans beaucoup de pratiques artistiques, intérêt qui a duré de manière soutenue jusqu'aux années 1940. Mais, à partir des années 1950, cet intérêt a connu un brusque effondrement, ne subsistant pendant une assez longue période que de manière résiduelle et laissant la place à des intérêts nouveaux pour les notions de structure et de système.

Il s'agira dans ce chapitre, tout d'abord, d'enrichir et de compléter jusqu'aux années 1960 la bibliographie de Ruckmich, qui laissait de côté la plupart des pratiques et des réflexions théoriques anti-métriques et s'arrêtait en 1924.[1] Puis, une fois rectifications et compléments opérés, j'aimerais cerner les principales raisons de ce trajet historique surprenant et en tirer tous les enseignements qui pourraient nous intéresser aujourd'hui.

Élargissement et prolongation de la bibliographie de Ruckmich – 1890-1940

1. Notre enquête engagée à l'orée des années 2000 a confirmé les conclusions de Golston concernant la

---

1. Une bonne part des références qui vont être données dans ce chapitre peuvent être lues sur le site *www.rhuthmos.eu*, même quand aucun lien n'est indiqué.

chronologie de la vague rythmique, tout en ouvrant de nouvelles pistes de recherche vers des champs scientifiques ou artistiques qu'il n'avait pu lui-même explorer[1]. En même temps, faute de moyens et de temps, celle-ci s'était surtout intéressée aux sciences humaines et sociales – sans du reste pouvoir couvrir l'ensemble des textes utilisables[2] –, mais on aurait pu y ajouter – je lance ici un appel aux éventuels amateurs – les abondants travaux des économistes[3] ; les réflexions philosophiques, en prise avec les progrès de la psychologie expérimentale, des

1. P. Michon, *Rythme, pouvoir, mondialisation. Sur les formes anciennes et nouvelles de processus d'individuation* **[2005]**, Paris, Rhuthmos, 2016 – voir la bibliographie en fin de volume.

2. Par exemple, l'étude de S. Weil, *La condition ouvrière* **[1934-1942]**, Paris, Gallimard, 1951, et le travail de Friedmann sur les conséquences humaines du machinisme, G. Friedmann, *Machinisme et Humanisme. Les problèmes humains du machinisme industriel* **[1946]**, Paris, Gallimard, éd. rev. 1955 – Sur l'histoire de la mécanisation des corps voir A. Rabinbach, *The Human Motor. Energy, Fatigue, and the Origins of Modernity*, Berkeley, Univ. of California Press, **1990**. Trad. fr. *Le moteur humain. L'énergie, la fatigue et les origines de la modernité*, Pari, La Fabrique, 2004.

3. Par exemple, le livre réédité jusqu'aux années 1920 de K. Bücher *Arbeit und Rhythmus*, Leipzig, Teubner, **1896-1899** et celui moins célèbre de J. Schopp, *Das deutsche Arbeitslied*, **1935** ; mais aussi les travaux d'A. Aftalion, *Les crises périodiques de surproduction*, 2 vol. Paris, Rivière, **1913** et de W. C. Mitchell, *Business Cycles*, Univ. of California Press, **1913** qui seront repris jusqu'aux années 1960 par une foule d'économistes, dont J. Schumpeter dans *Business Cycles: a theoretical, historical, and statistical analysis of the capitalist process*, New York Toronto London, McGraw-Hill Book Company, **1939** – Sur Bücher, Aftalion et Mitchell voir désormais, P. Michon, *Elements of Rhythmology*, vol. 3, Paris, Rhuthmos, **2019**, pp. 285-359.

sciences de la nature et des mathématiques, de James[1], Bergson[2], Bachelard[3] et Whitehead[4], mais aussi avec les transformations de la musique populaire et de la

1. W. James, *Principles of Psychology*, 2 vols., New York, Henry Holt and Co., **1890**.

2. H. Bergson, *Essai sur les données immédiates de la conscience* **[1889]**, Paris, PUF, 1970 ; –, *Matière et mémoire* **[1896]**, Paris, PUF, 1965 ; –, *L'évolution créatrice*, Paris, **1907** ; –, *La pensée et le mouvant* **[1903-1923]**, Paris, PUF, 1969.

3. G. Bachelard, *L'Intuition de l'instant. Étude sur la Siloë de Gaston Roupenel* **[1932]**, Paris, Stock-Le Livre de poche, 1992 ; – *La dialectique de la durée* **[1936]**, Paris, PUF, 2006 – Sur le débat entre Bergson et Bachelard, et sur la rythmanalyse bachelardienne, voir P. Sauvanet et J.-J. Wunenburger (dir.), *Rythmes et Philosophie*, Paris, Kimé, **1996** ; P. Sauvanet, *Le Rythme et la Raison*, 2 vol., Paris, Kimé, **2000** ; J.-J. Wunenburger & F. Worms, *Bachelard et Bergson : continuité et discontinuité*, Paris, PUF, **2008** ; C. Corbier, « Bachelard, Bergson, Emmanuel. Mélodie, rythme et durée », *Archives de Philosophie*, n° 75, **2012** et https://www.rhuthmos.eu/spip.php?article593.

4. A. N. Whitehead, *An Enquiry Concerning the Principles of Natural Knowledge*, Cambridge Univ. Press, **1919** ; –, "The Rhythm of Education" **[1922]** in *The Aims of Education and Other Essays*, New York, Macmillan, 1929 ; –, *Process and Reality. An essay in Cosmology* **[1929]**, Corrected Edition, New York, The Free Press, 1978 ; –, Modes of Thought, Cambridge, Cambridge Univ. Press, **1938** – Sur le rythme dans la théorie de l'éducation chez Whitehead, voir J.-M. Breuvart (dir.), *Les rythmes éducatifs dans la philosophie de Whitehead*, Frankfurt-Paris, Ontos Verlag, **2005** ; on pourra comparer avec le théoricien de l'éducation allemand : G. Klar, *Der Rhythmus und seine Bedeutung für den Unterricht*, Langenzala, Julius Beltz, **1919** – Plus largement, sur la centralité du rythme dans la philosophie de Whitehead, voir F. Bisson, « Entre le cristal et le brouillard. Rythme et Vie à partir de Whitehead », M. Weber et R. Desmet (dir.), *Chromatikon V. Annuaire de la philosophie en procès*, Louvain, Presses univ. de Louvain, **2009**, pp. 25-42 et https://www.rhuthmos.eu/spip.php?article273.

musique savante, d'Adorno[1], ou avec celles des arts contemporains, de Dewey[2] ; les multiples spéculations d'orientation vitaliste chez Klages[3], mystique chez Ghyka[4] ou occultiste chez Steiner[5] ; l'étonnante anthropologie mi-religieuse mi-scientifique de Jousse[6] ; les

1. T. Adorno, « Abschied vom Jazz » **[1933]** und « Über Jazz » **[1936]** in *Ges. Sch. 18 & 17, Musikalische Schriften*, Frankfurt am Main, Suhrkamp, 1984 &1982 ; –, *Philosophie der neuen Musik* **[1949]**, Paris, Gallimard, 1962 – Sur le rejet du jazz et de ses rythmes par Adorno, voir P. Williams, « Le déni d'Adorno », *L'Homme*, **2005**, pp. 419-425.

2. J. Dewey, *L'art comme expérience* **[1934]**, Paris, Gallimard, 2014 – voir en particulier sa conceptualisation du continu rythme-forme-relation, p. 250 *sq.*

3. L. Klages, *La nature du rythme* **[1923]**, Paris, L'Harmattan, 2004 – Sur les théories allemandes du rythme du début du XXe siècle et la « réforme de la vie », voir O. Hanse, *À l'école du rythme. Utopies communautaires allemandes autour de 1900*, Saint-Étienne, Publ. de l'Univ. de Saint-Étienne, **2010**.

4. M. C. Ghyka, *Le nombre d'or. Rites et rythmes pythagoriciens dans le développement de la civilisation occidentale* **[1931]**, Paris, Gallimard, 1959 ; –, *Essai sur le rythme*, Paris, Gallimard, **1938** – Sur Ghyka, voir M. Neveux & H. E. Huntley, *Le nombre d'or. Radiographie d'un mythe* suivi de *La divine proportion* **[1970]**, Paris, Le Seuil, 1995.

5. R. Steiner *An Introduction to Eurythmy: Talks Given Before Sixteen Eurythmy Performances* **[1913-1924]** Hudson-New York, Anthroposophic Press, 1984 ; –, *Eurythmie als sichtbare Sprache. Laut-Eurythmie-Kurs & Eurythmie als sichtbarer Gesang. Ton-Eurythmie-Kurs* Dornach, Philosophisch-Anthroposophischer Verlag am Goetheanum, **1927.**

6. M. Jousse, *L'anthropologie du geste* **[1955]**, Paris, Gallimard, 1974 ; – *La Manducation de la Parole*, Paris, Gallimard, 1975 ; –, *Le Parlant, la Parole et le Souffle* [ce vol. et le précédent rassemblent des études, cours et conférences présentés entre **1931** et **1957** et édités par Gabrielle Baron], Paris, Gallimard, 1978 – Sur Jousse, voir D. Cerclet, « Marcel Jousse : à la croisée de l'anthropologie et des neurosciences, le rythme des corps », *Parcours anthropologiques,, n° 9, **2014**, pp. 24-38.

éclairantes pratiques et réflexions poétiques d'Apollinaire[1], Claudel[2], Valéry[3], Yeats[4], Pound[5], Woolf[6], Cummings[7],

1. G. Apollinaire, *L'Antitradition futuriste*, Paris, **1913** ; –, « Nos amis les futuristes », *Les soirées de Paris*, 15 fév. **1914** ; –, « L'Esprit nouveau et les poètes », *Mercure de France*, to. 130, n° 491, **1918**, pp. 385-396 ; –, *Alcools*, **1913**, premier recueil de poèmes déponctués.

2. P. Claudel, *Art Poétique*, Paris, Mercure de France, **1907** ; – *Cent phrases pour éventail* **[1926-1941]**, Paris, Gallimard, 2012.

3. P. Valéry, *Variété I et II* **[1924-1929]**, Paris, Gallimard, 1998 – Sur Valéry, voir V. Fabbri, *Paul Valéry : le poème et la danse*, Paris, Hermann, **2009**.

4. W. B. Yeats, *Modern Poetry*, London, BBC, **1936** – Sur Yeats, voir R. S. Patke, « Yeats: Prosody and Poetic Forms », *The Yeats Journal of Korea*, n° 37, **2012**, pp. 25-60 ; M. Mills Harper, « Structural Rhythm in Late Yeats », *Études anglaises*, n° 4, **2015**, pp. 483-495.

5. E. Pound, « A few don'ts by an Imagist », in *Poetry: A Magazine of Verse*, **1913**; –, *How to Read*, Harmsworth, **1931** ; –, *A.B.C of Reading*, London, Faber and Faber, **1934** ; –, *Literary Essays of Ezra Pound*, introduced by T. S. Eliot, Norfolk, CT, New Directions, **1954** – Sur Yeats and Pound et leurs engagements politiques, voir aussi M. Golston, « "Im Anfang war der Rhythmus" : Rhythmic Incubations in Discourses of Mind, Body, and Race from 1850-1944 », *Stanford Humanities Review*, vol. 5, supplement : Cultural and Technological Incubations of Fascism, **1996** ; –, *Rhythm and Race in Modernist Poetry and Science: Pound, Yeats, Williams, and Modern Sciences of Rhythm*, New York, Columbia Univ. Press, **2008**.

6. V. Woolf, « As for the *mot juste*, you are quite wrong. Style is a very simple matter; it is all *rhythm*. Once you get that, you can't use the wrong words. But on the other hand here am I sitting after half the morning, crammed with ideas, and visions, and so on, and can't dislodge them, for lack of the right rhythm. Now this is very profound, what rhythm is, and goes far deeper than any words. A sight, an emotion, creates this wave in the mind, long before it makes words to fit it, and in writing one has to recapture this, and set this working (which has nothing apparently to do with words) and then, as it breaks and tumbles in the mind, it makes words to fit in. », Letter to Vita Sackville-West, March 16, **1926** in *The Letters of Virginia Woolf*, vol. 3, 1923-1928, Univ. of Michigan, 1975, p. 247.

7. E. E. Cummings, *Tulips & Chimneys*, **1923** ; –, *is 5*, **1926** ; –, *No Thanks*, **1935**.

Eliot[1], Engelke[2], Rilke[3], Becher[4], Maïakovski[5] et Mandelstam[6] ; l'utopie révolutionnaire inspirée de l'Organisation Scientifique du Travail de Gastev[7] ; l'apport déterminant pour la pédagogie musicale, mais aussi pour la danse et le théâtre, de la « rythmique » de Jaques-Dalcroze[8] ; ainsi que celui des penseurs de la mise en scène et du théâtre comme Appia[9], Stanislavski[10],

---

1. T. S. Eliot, *The Waste Land*, **1922** ; –, *Four Quartets*, **1943**.

2. G. Engelke, *Rhythmus des neuen Europa*, **1921**.

3. R.M. Rilke, *Die Sonette an Orpheus*, **1922**.

> Atmen, du unsichtbares Gedicht !
> Immerfort um das eigne
> Sein rein eingetauschter Weltraum. Gegengewicht,
> in dem ich mich rhythmisch ereigne.
> *Souffle, toi invisible poème !*
> *pur échange perpétuel contre cet être mien*
> *de tout l'espace du monde. Contrepesée,*
> *où moi-même à moi-même rythmiquement j'adviens.*

4. J. Becher, *Maschinenrhythmen*, **1926** – Sur les trois poètes germanophones cités précédemment, voir M. Cowan, *Technology's Pulse. Essays on Rhythm in German Modernism* **[2011]**, Paris, Rhuthmos, 2018, chap. 2.

5. V. Maïakovski, « Une goutte de fiel » **[1915]**, *Manifestes futuristes russes*, éd. L. Robel, Paris, Les Édit. Franç. réunis, 1971.

6. O. Mandelstam, « La poésie contemporaine » **[1916]**, in vol. 3 ; –, « l'État et le rythme » **[1920]**, in vol. 3 ; –, « Lettre sur la poésie russe » **[1922]**, in vol. 3 ; –, « Remarques sur la poésie » **[1923]**, in vol. 2 : *Collected Works*, 3 Vol., New York, Inter-Language Literary Associates, 1966-1969 ; –, *Poésies*, **1928** ; –, *Poèmes de Moscou*, **1934**.

7. A. Gastev, *Institut pour le rythme* [1919] puis *Institut central du travail* **[1920]** ; –, *Comment on doit travailler*, Moscou, **1924**.

8. E. Jaques-Dalcroze, *La Rythmique*, 2 vol. **[1906]**, Lausanne, Foetisch, 1918 ; –, *Le Rythme, la musique et l'éducation* **[1920]**, Lausanne, Foetisch, 1965.

9. A. Appia, « Style et solidarité », *Le Rythme*, vol. 1, n° 6, **1909** ; –, « Über Ursprung und Anfang der rhythmischen Gymnastik », *Der Rhythmus*, n° 1, **1911**.

10. K. Stanislavski, *La Formation de l'acteur*, New-York, Theatre Arts, **1936** – Sur le rythme chez Stanislavski, voir G. V. Kristi, « Les talents et les admirateurs d'Ostrovski – Stanislavski répète », *Rhuthmos*, 8 février

Meyerhold[1], ou du mouvement corporel et de la danse comme Laban[2], Schlemmer[3] ou Bode[4] ; les pratiques et réflexions des cinéastes et théoriciens du cinéma comme Murphy et Léger[5], Survage[6], Richter[7],

2013 – https://www.rhuthmos.eu/spip. php?article806 – trad. fr. Stéphane Poliakov.

1. V. Meyerhold, *Le cocu magnanime*, **1922** – Sur la *Biomécanique*, J. Baldwin & K. Mederos Syssoeva, « La biomécanique de Meyerhold et l'acteur contemporain : comment former l'acteur complet », *L'Annuaire théâtral*, **1999**, (25), pp. 134-150.

2. R. Laban, *Die Welt des Tänzers. Fünf Gedankenreigen*, Stuttgart, Walter Seifert, **1920** ; –, « Eurhythmie und Kakorhythmie in Kunst und Erziehung » in *Die Tat*, **1921**, trad. ang. par Paola Crespi, « Eurhythmy and Kakorhythmy in Art and Education » in *Body & Society*, n° 20, Sage, 2014. pp. 75-78 ; –, *Choreographie*, Jena, Eugen Diederichs, **1926** ; –, *Gymnastik und Tanz*, Oldenburg i. O., Gerhard Stalling, (4ᵉ ed.) **1926** ; –, *La Maîtrise du mouvement* **[1950]**, Arles, Actes Sud, 1994. – Sur Laban et Wygman voir le très beau livre d'I. Launay, *À la recherche de la danse moderne. Rudolf Laban – Mary Wigman*, Paris, Chiron, **1996**.

3. O. Schlemmer, *Triadisches Ballet*, **1922** ; –, *Stäbe Tanz*, **1926-1929** – Sur Schlemmer voir C. Rousier (dir.), *Oskar Schlemmer, l'homme et la figure d'art*, Pantin, Éd. du Centre Nat. de la Danse, **2002**.

4. R. Bode, *Aufgaben und Ziele der rhythmischen Gymnastik*, München, Otto Gmelin, **1913** ; –, *Der Rhythmus und seine Bedeutung für die Erziehung*, Jena, Diederichs, **1920** ; –, *Rhythmus und Körpererziehung*, Jena, Diederichs, **1925** – Sur les rapports des danseurs d'avant-garde et du nazisme, L. Guilbert, *Danser avec les IIIᵉ Reich,. Les danseurs modernes sous le nazisme*, Paris, Complexe, **2000**.

5. D. Murphy & F. Léger, *Ballet mécanique*, **1924** – Sur le rythme et le cinéma en France au début du siècle, voir L. Guido, *L'âge du rythme. Cinéma, musicalité et culture du corps dans les théories françaises des années 1910-1930*, Lausanne, Payot, **2007**.

6. L. Survage, *Rythme coloré. Étude pour le film*, **1913**.

7. H. Richter, *Rhythmus 21*, **1921** ; –, *Rhythmus 23*, **1923** ; –, *Rhythmus 25*, **1925** (perdu) ; –, « Rhythm » in J. Goergen (ed.), *Hans Richter: Film ist Rhythmus*, Berlin, Freunde der Deutschen Kinemathek, **2003**.

Ruttmann[1], Kracauer[2], Fischinger[3], Eisenstein[4], Vertov[5] ; les analyses des tout premiers théoriciens de la publicité comme Pauli[6] ; celles des historiens de l'art comme Schmarsow[7], Pinder[8], Russack[9], Brinckmann[10], Drost[11], Kauffmann[12] ; et bien sûr celles des architectes comme

1. W. Ruttmann, *Lichtspiel : Opus I-IV*, **1921-1925** ; –, *Berlin: Die Sinfonie der Großstadt*, **1927** ; –, *Melodie der Welt*, **1929**.

2. S. Kracauer, *Das Ornament der Masse* **[1927]**, Frankfurt am Main, Suhrkamp, **1963**.

3. O. Fischinger, *Komposition in Blau*, **1935**.

4. S. Eisenstein, *Le cuirassé Potemkine*, **1924** ; – *Film Form: Essays in Film Theory* **[1928-1945]**, Sandiego, Harcourt, 1977.

5. D. Vertov, *L'homme à la caméra*, **1929**.

6. F. Pauli, *Rhythmus und Resonanz als ökonomisches Prinzip in der Reklame*, Berlin, Verband Deutscher Reklamefachleute, **1926** ; –, « Der rhythmische Film », *Die Reklame*, n° 20, **1927** – Sur le rythme dans les films publicitaires voir M. Cowan, *Technology's Pulse. Essays on Rhythm in German Modernism* **[2011]**, Paris, Rhuthmos, 2018, chap. 4.

7. A. Schmarsow, *Grundbegriffe der Kunstwissenschaft: am Übergang vom Altertum zum Mittelalter kritisch erörtert und in systematischem Zusammenhange dargestellt*, Leipzig-Berlin, Teubner, **1905**.

8. W. Pinder, *Zur Rhythmik romanischer Innenräume in der Normandie*, Strassburg, Heitz, **1905**.

9. H. H. Russack, *Der Begriff des Rhythmus bei den deutschen Kunsthistorikern des XIX. Jahrhunderts*, Leipzig. Weida, **1910**.

10. A. E. Brinckmann, *Deutsche Stadtbaukunst in der Vergangenheit*, Frankfurt am Main, Heinrich Keller, **1911**.

11. W. Drost, *Die Lehre vom Rhythmus in der heutigen Ästhetik der bildenden Künste*, Leipzig, Merkur, **1919**.

12. H. Kauffmann, *Albrecht Dürers rhythmische Kunst*, Leipzig, Seemann, **1924** – Sur Kauffmann, voir la recension très critique de E. Panofsky, *Jahrbuch für Kunstwissenschaft*, **1926**, pp. 136-192.

Guinzbourg[1] ; d'une artiste textile comme Anni Albers[2] ; et de toute une série de peintres comme Hodler[3], Klee[4], Josef Albers[5], van Doesburg[6], Mondrian[7], Delaunay[8], qui se réfèrent fréquemment et explicitement à la notion de

1. M. Ia. Guinzbourg, *Le rythme en architecture* **[1923]** et *Le style et l'époque* **[1924]**, Gollion, Infolio, 2010 et 2014.

2. A. Albers, *Black White Yellow*, **1926**.

3. F. Hodler, *Eurythmie*, **1895** ; –, *Paysage rythmique sur le lac Léman*, **1908** ; –, *Paysage avec du rythme*, **1908** ; –, *Regard dans l'infini*, **1916** – Sur Hodler voir V. Senti-Schmidlin, *Rhythmus und Tanz in der Malerei : Zur Bewegungsästhetik im Werk von Ferdinand Hodler und Ludwig von Hofmann*, Olms Georg, **2007**.

4. P. Klee, *Rhythmus der Bäume*, **1914** ; –, *Kamel in rhythmischer Baumlandschaft*, **1920** ; –, *Rhythmische Baumlandschaft*, **1920** ; –, *Baum und Architektur - Rhythmen*, **1920** ; –, *Rhythmen einer Pflanzung*, **1925** ; –, *Rhythmisches*, **1930** ; –, *Rhythmisches strenger und freier*, **1930** – Sur Klee voir W. Kersten, « Das Problem „Rhythmus" bei Paul Klee » in B. Naumann (ed.), *Rhythmus: Spuren eines Wechselspiels in Künsten und Wissenschaften*, Würzburg, Königshausen & Neumann, **2005**, pp. 243-259.

5. J. Albers, série *Homage to the Square* à partir de **1949**.

6. T. Van Doesburg, *Rhythm of a Russian Dance*, **1918** ; –, *Composition in dissonances*, **1919** ; –, *Decentralized Composition*, **1924** ; – *Contra-composition of dissonances*, **1925** ; –, *Arithmetic Composition*, **1929-1930**.

7. P. Mondrian, *Rhythm of Black Lines*, **1935-1942** ; –, *Broadway Boogie-Woogie*, **1942-1943** ; –, *Victory Boogie-Woogie*, **1944** – Sur Mondrian, voir A. Fallahzadeh & G. Gamache, « Equilibrium and rhythm in Piet Mondrian's Neo-Plastic compositions », *Cogent Arts & Humanities*, vol. 5, n° 1, **2018**.

8. R. Delaunay, *Rythme. Joie de vivre*, **1930** ; –, *Rythme sans fin*, **1934** ; –, *Rythmes*, **1934** ; –, *Rythme n° 1*, **1938** ; –, *Rythme n° 2*, **1938** ; –, *Rythme n° 3*, **1938** – Sur Delaunay voir A. Lampe, *Robert Delaunay. Rythmes sans fin – Catalogue de l'exposition*, Centre Pompidou, Paris, **2014**.

rythme, ou comme Balla[1], Carrà[2], Boccioni[3] et Russolo[4], qui l'utilisent également tout en la prolongeant par les notions de dynamisme, de vitesse, d'accélération et de flux.

Un spectre idéologique allant de la *Lebensreform* à la *Révolution* – 1890-1940

2. La liste bibliographique qui vient d'être présentée n'est pas aussi fournie que celle établie par Ruckmich il y a un siècle, elle ne comprend que 84 noms et 139 entrées, mais elle confirme et à la fois complète le diagnostic qu'a pu en tirer Golston. À partir de la magnifique effloraison des années 1890-1914, le rythme est devenu jusqu'aux années 1940 une *préoccupation* largement partagée par de très nombreux artistes, praticiens et théoriciens puis, dans les années 1950, il a brusquement laissé sa place à d'autres. Cela ne signifie pas, toutefois, qu'il aurait constitué, durant ces quelques décennies, comme le dit Golston, un « modèle idéologique incubateur ». Pour le dire autrement, le rythme n'a jamais constitué une « matrice idéologique » suffisamment unifiée pour imposer une

---

1. G. Balla, *Dynamisme d'un chien en laisse*, **1912** ; –, *La main du violoniste. Les rythmes de l'archet*, **1912** ; –, *Fillette courant sur un balcon*, **1912** ; –, *Vitesse d'une automobile*, **1912-1913** ; –, *Vitesse d'une motocyclette*, **1913**.

2. C. Carrà, *Rythmes d'objets*, **1911**; –, *Femme au balcon*, **1912** ; –, *Le cavalier rouge*, **1913**.

3. U. Boccioni, *L'élasticité*, **1912** : –, *Dynamisme d'un cycliste*, **1913** : –, *Dynamisme d'un joueur de football*, **1913** ; –, *Dynamisme d'un cheval en course*, **1914**.

4. L. Russolo, *La révolte*, **1911**; –, *La musique*, **1911**; –, *Synthèse plastique des mouvements d'une femme*, **1912** ; –, *Dynamisme d'une automobile*, **1912-1913**.

vision du monde et un point de vue éthique et politique. Pour faire sentir ce point, donnons quelques exemples des diverses orientations qu'il a pu inspirer, en commençant à les disposer sur un spectre éthique et politique mais sans chercher à les couvrir toutes.

2.1. Dans le monde germanophone, Bücher, Jaques-Dalcroze, Klages, Steiner et tous les intellectuels, poètes et artistes, comme Engelke, Bode, Laban, Wigman, adhérant au courant du *Lebensreform*, pointent, sur des bases culturelles souvent – mais pas toujours comme chez Bücher ou Jaques-Dalcroze – teintées d'un mysticisme panthéiste et d'esprit réactionnaire préparant, pour certains, leur adhésion ultérieure au nazisme, la mécanisation du travail et de la vie quotidienne, ainsi que la perte des rythmes naturels et cycliques anciens.

2.2. Cette critique de la pénétration des corps et des esprits par les rythmes mécaniques et artificiels motive aussi plus ou moins directement certains intellectuels et artistes français et anglo-saxons, comme Bergson, Bachelard, Claudel, Valéry, Pound, Woolf, Yeats, Tarde, Mauss, Evans-Pritchard, Friedmann, Weil. Mais cette fois, cette critique se fait sur des bases idéologiques indemnes des regrets pour les cycles traditionnels et souvent plus marquées à gauche, voire à l'extrême gauche – mais pas toujours, comme chez Yeats, Claudel et Pound.

2.3. Mais c'est aussi l'époque où certains observateurs, dans ces deux mondes à première vue opposés, commencent à faire remarquer que ces mutations rythmiques de la vie quotidienne et des relations sociales, ne sont pas toutes négatives. Simmel note, par exemple, qu'au moins dans certains groupes sociaux privilégiés, on commence à se libérer des horaires de travail contraints et même d'une vie quotidienne entièrement réglée, et que d'une manière générale l'extension de l'usage de la monnaie a tendance à fluidifier la vie en les dégageant des modes anciens d'interaction fondés sur la régularité de rencontres obligatoires et sur les contraintes qui leur étaient liées. De même Whitehead, voit dans les rythmes fluides du monde moderne et de la nature telle qu'on commence à la comprendre à son époque à travers la théorie de la relativité et la physique quantique, un modèle très utile pour penser et organiser les « processus » éducatif, les rendre actifs et bénéfiques pour les individus mais aussi pour la société tout entière.

2.4. Si on élargit encore la zone d'observation et qu'on change en même temps de focale, on s'aperçoit que certains artistes, poètes et intellectuels d'avant-garde exaltent, au contraire de ces trois premiers groupes, les nouveaux rythmes de la vie, en particulier dans la « Grande ville », le dynamisme et la vitesse permis par l'automobile, l'avion, le télégraphe, le téléphone, la radio, mais aussi l'amélioration des mouvements corporels et la standardisation des objets et des constructions rendues possibles par les nouvelles machines industrielles et les nouvelles techniques d'« Organisation Scientifique du Travail ». Ceux-là sont présents en Allemagne avec de nombreux architectes et artistes du Bauhaus comme Gropius, Schlemmer, Klee, les Albers, quelques poètes comme Becher, certains cinéastes et théoriciens du cinéma comme Richter, Ruttmann, Fischinger et Pauli ; en France avec le mouvement Dada, le nouveau cinéma expérimental de Murphy et Léger, les peintures de Delaunay et Léger ; ou encore en Italie, avec les poètes et peintres futuristes, Marinetti, Balla, Boccioni, Carrà et Russolo.

2.5. À tous ces exemples, il faut encore ajouter le cas de la Russie où le rythme est en débat parmi les artistes et intellectuels qui viennent de participer à la Révolution bolchevique et qui voient s'affronter au moins deux lignes opposées. Certains comme Maïakovski, Mandelstam ou encore différemment Stanislavski et Meyerhold veulent appuyer l'émancipation révolutionnaire par la production de rythmes poétiques, éducatifs et théâtraux inédits, qui permettraient de dépasser les dualismes du monde ancien et de préparer, comme dit Mandelstam, « la synthèse de l'homme et de la société dans le collectif » pour donner plus de place aux individus et éviter « le collectivisme sans la collectivité » qui s'annonce. D'autres, comme Gastev et les membres du Proletkult, veulent au contraire s'inspirer des méthodes tayloriennes, de la puissance et de l'efficacité des machines modernes pour promouvoir, comme dit Gastev, une « ingénierie sociale » capable de transformer la société tout entière en une véritable machine moderne performante, où les individus seraient complètement intégrés à une totalité qui les dépasserait.

Quelques artistes, scientifiques et philosophes à l'assaut du *mètre* – 1890-1940

3. Si le rythme est devenu jusqu'aux années 1940 une *préoccupation* largement partagée et si ses différentes acceptions métriques sont restées largement dominantes, cela ne signifie pas non plus qu'il aurait constitué, durant ces quelques décennies, autres descriptions

abusivement unifiantes, un « paradigme scientifique » au sens de Kuhn, ou une « épistémè » au sens de Foucault, ni même un « paradigme esthétique » au sens un peu rétrograde de Sherringham. Il n'a jamais été l'étendard d'un « ensemble de croyances, de valeurs et de techniques » qui auraient été partagées par toute la communauté scientifique, ni d'une « grille épistémique » *a priori* qui aurait informé toutes les recherches et pratiques scientifiques de cette période, ni même d'un « modèle artistique ou esthétique » unique qui aurait traversé toutes les sensibilités de l'époque. Une seconde traversée des productions de ces années est ici nécessaire. À opérer de telles analyses comparatives, on s'aperçoit vite que le mètre, tout en restant largement dominant, a été concurrencé par toute une série d'entreprises alternatives d'inspiration *rhuthmique*, qui ont souvent ouvert des voies qui sont encore les nôtres aujourd'hui.

3.1. Commençons par les artistes.

3.1.1. En musique, tout d'abord.

3.1.1.1. On a commencé à en parler plus haut, la fin du XIXe siècle et le début du suivant sont l'époque où les innovations romantiques et wagnériennes se diffusent largement, tout d'abord chez les interprètes, comme Rubinstein, avec un usage généralisé du *rubato*, ce jeu avec la mesure fondé sur l'avancement ou le retard de certaines notes ; mais aussi chez les compositeurs, comme Dukas et Puccini, avec l'utilisation généralisée de *leitmotivs* perturbant le déroulé linéaire de la composition par des retours cycliques, ou comme Mahler, avec des ralentissements extrêmes du tempo et la tenue de certaines notes sur de très nombreuses mesures. Enfin, l'influence wagnérienne se fait sentir à travers la volonté, très répandue à l'époque, de créer des

Gesamtkunstwerke – des œuvres d'art totales qui accompliraient l'art en général, la *poiesis*, sous la forme d'une synthèse fluante de tous les arts particuliers.

3.1.1.2. À ces premières formes de contestation, il faut ajouter les expérimentations « impressionnistes », déjà émancipées du romantisme et du wagnérisme, de Debussy, Ravel, Roussel, mais aussi de Bridge et Respighi, cherchant, pour leur part, à donner à la musique de nouvelles formes d'écoulement, parfois par l'absence de pulsations rythmiques fortes[1], parfois par un simple jeu sur les timbres des instruments, avec, par exemple, l'utilisation intensive des pédales du piano, mais aussi parfois par l'introduction d'échelles harmoniques et mélodiques exotiques à tons entiers ou pentatoniques, par l'utilisation d'accords parallèles et d'accords altérés de 9e, 11e et 13e, ainsi que par des mélodies dépourvues de mouvement dirigé, sinuant dans des tonalités ambiguës, et souvent obscurcies voire remplacées par des ornementations de surface.

3.1.1.3 Bien sûr, il faut aussi compter avec le travail de Stravinski qui, dès *Le Sacre du printemps* (1913), congédie les rythmes anciens d'une manière totalement différente, non pas, comme dans la musique « impressionniste », en les dissolvant dans un médium harmonique fluant, « déponctué » et émancipé des échelles harmoniques et mélodiques tempérées, mais en les complexifiant par des polyrythmies superposant des rythmes simples et très élaborés, et par des transferts d'un tableau à l'autre créant des sortes de

---

1. Certaines partitions de Debussy pourraient ainsi, sans difficultés, être comparées aux poèmes en vers libres et déponctués qui commencent à être publiés à la même époque.

leitmotivs non plus mélodiques mais proprement rythmiques utilisés comme éléments de cohésion.

3.1.1.4. Enfin, on trouve une remise en question extrêmement puissante et argumentée « de la triade barre de mesure-temps fort-carrure » chez des compositeurs et musicologues comme Maurice Emmanuel (1862-1938). Pour ces spécialistes et artistes, il s'agit de retrouver « la variété et la mobilité de la rythmique ancienne, qui a perduré jusqu'à la fin du Moyen Âge » mais qui a été oubliée à partir de la période classique.

Maurice Emmanuel, comme de nombreux poètes et musiciens de sa génération, conteste l'équivalence du rythme et de la mesure. En tant qu'artiste, il partage avec les poètes symbolistes et les musiciens post-wagnériens le même rejet d'une rythmique classique ressentie comme étouffante. Comme Debussy, qu'il avait rencontré en 1889-1890, il considère que le rythme ne peut être enfermé dans des mesures régulièrement jalonnées de temps forts : l'isochronisme est un défaut rédhibitoire de la musique moderne et a imposé sa loi à partir du Moyen Âge, en raison de l'évolution linguistique qui s'est produite après les invasions barbares (transformation de l'accentuation mélodique en accentuation tonique). L'un de ses mots d'ordre, en tant que compositeur et théoricien de la musique, est donc d'abandonner la triade barre de mesure-temps fort-carrure, responsable à ses yeux d'un appauvrissement considérable des ressources rythmiques. Il s'agit de retrouver la variété et la mobilité de la rythmique ancienne, qui a perduré jusqu'à la fin du Moyen Âge avant d'être reléguée hors de la musique savante. (C. Corbier, « Bachelard, Bergson, Emmanuel. Mélodie, rythme et durée », *Archives de Philosophie*, n° 75, 2012)

3.1.2. Une autre constellation artistique s'attaquant aux modèles métriques traditionnels, qui continuent à très bien se porter par ailleurs, est constituée par quelques chorégraphes et danseurs, comme Duncan, révoltés par les règles chorégraphiques du ballet classique et fascinés par les « rythmes naturels » de l'Océan ou du Corps, ou entraînés comme Nijinski par la révolution musicale engagée par Debussy, Ravel et Stravinski, ou encore influencés comme Laban, Wigman et Rambert par la nouvelle pédagogie de la musique élaborée par Jaques-Dalcroze, par les critiques de Bücher concernant la dégradation des rythmes de travail, et la critique du monde moderne industriel et urbain développée sur la base d'une philosophie vitaliste par Klages.

3.1.3. Même les peintres, qui, depuis l'impressionnisme, avaient déjà abandonné la composition architecturale classique pour les atmosphères et les flux de lumière, se détournent désormais, avec les cubistes Picasso et Gris, de la perspective métrée traditionnelle pour inclure une multiplicité de points de vue morcelés. Ou bien ils cherchent, avec les futuristes Balla, Boccioni, Carra et Russolo, à faire du mouvement et de la vitesse des sujets paradoxaux et totalement inédits de la peinture, sujets qui exigent un renouvellement technique en partie inspiré de l'impressionnisme, en partie du cinéma et de la chronophotographie de Marey.

3.1.4. En poésie, la versification métrique reste dominante tout au long du XIXe siècle et encore au début du suivant, comme chez Yeats, Valéry, Claudel, Saint-John Perse, pour ne citer qu'eux. Mais on note les innovations engagées à partir de 1850 par Baudelaire, Whitman, Hopkins, Rimbaud, Laforgue et Mallarmé (voir vol. 2, partie 4), avec le poème en prose, le rejet des patrons métriques traditionnels, l'introduction du vers libre, la déponctuation, les jeux avec la calligraphie, et bientôt, avec Apollinaire, Pound, Eliot, Cummings, Maïakovski, Mandelstam, la déponctuation généralisée destinée à laisser s'exprimer le « rythme profond » du discours, les calligrammes, et même l'inclusion d'idéogrammes et de hiéroglyphes.

3.2. Parallèlement à ces mouvements critiques propres aux artistes, on trouve aussi chez les spécialistes de sciences humaines et sociales nombre de propositions allant dans une direction analogue[1]. Là aussi, le point de vue métrique reste il est vrai le plus fréquent. On le retrouve, pourvu de dimensions critiques très variables, et pour nous limiter à ces trois exemples significatifs, dans l'histoire des cycles et cadences du travail par Bücher en 1899, dans les analyses du cinéma publicitaire par Pauli en 1926, et même encore dans les descriptions de la mécanique spectacularisée des *Tiller girls* par Kracauer en 1927. Mais l'hégémonie de ce modèle commence à se fissurer dès avant le Premier conflit mondial dans toute une série de disciplines.

3.2.1. Comme on l'a déjà noté plus haut, on peut observer, déjà assez tôt dans le XIXe siècle et ce jusqu'au début du suivant, l'apparition de *quelques points de vue perturbateurs* dans les remous accompagnant l'écoulement même du *modèle métrique dominant*. Nous avons remarqué de tels tourbillons dans toute une série de disciplines où l'ascendant du mètre est pourtant très fort, chez des auteurs inspirés par la phy-

---

1. Pour des études en profondeur de ce qui va être évoqué rapidement ici, voir P. Michon, *Rythme, pouvoir, mondialisation. Sur les formes anciennes et nouvelles de processus d'individuation* [2005], Paris, Rhuthmos, 2016.

siologie comme Brücke (1871) ou par la physiopsychologie comme Meumann (1894), mais aussi chez des historiens de l'art comme Kugler (1842 ; 1859), Schnaase (1843 ; 1864), Semper (1860 ; 1863), Schmarsow (1894 ; 1905). Tous ces auteurs nous ont offert des exemples étonnants de contestations intérieures du modèle métrique qui, certes, n'ont jamais débouché sur une remise en question totale mais qui ne doivent pas pour autant être considérées comme négligeables (voir vol. 3 et chap. précédent, § 7.2.2. à 7.2.4.).

3.2.2 On note, par ailleurs, en économie, l'abandon du modèle métrique classique et le passage à un modèle métrique nouveau appuyé sur la conceptualisation et l'étude historique des *cycles économiques* par Juglar (publiées entre 1856 et 1891), puis dans les dernières années de la Belle Époque, par Aftalion et Mitchell (1913) et, enfin, pendant l'entre-deux-guerres par Schumpeter (1939) et beaucoup d'autres.

3.2.3. De même, on observe chez un jeune sociologue (Mauss), puis, dans l'entre-deux-guerres, chez un historien et un anthropologue (Granet et Evans-Pritchard), tous trois d'orientation méthodologique holiste, une réflexion théorique et une étude approfondies des rapports entre l'individuation psychique et collective et les *rythmes morphologiques des sociétés archaïques et anciennes* qu'ils étudient. Or, ces recherches sur les *cycles des interactions sociales*, déjà novatrices par elles-mêmes, les poussent à porter une attention toute nouvelle aux *rythmes corporels et langagiers* qui, cette fois, échappent en grande partie au modèle métrique.

3.2.4. Il faut aussi citer ici deux sociologues, pour leur part d'orientation méthodologique individualiste (Tarde et Simmel) ainsi que le fondateur de la psychanalyse lui-même (Freud), qui développent dès la Belle Époque un vif intérêt, on pourrait dire inverse du précédent, pour les phénomènes de *dérythmisation morphologique qui traversent les sociétés de leur époque*, ainsi qu'à leurs formidables conséquences psychiques et politiques. Et là encore, ces réflexions les éloignent en partie du modèle métrique classique et les poussent à concevoir et étudier les *manières de fluer organisées des interactions*.

3.2.5. On trouve enfin des innovations non-métriques remarquables, chez certains écrivains et essayistes d'inspiration esthétique et poétique des années 1920 et 1930 (Mandelstam, Kracauer, Benjamin) qui s'intéressent à *la pénétration, dans les sociétés dérythmées des années d'après-guerre, des corps par les nouveaux rythmes techniques et politiques* ; ainsi que chez quelques précurseurs des études médiatiques et philologues des années 1930 et 1940 (Benjamin de nouveau, Tchakhotine, Klemperer) qui, par un besoin pressant de renouveler la critique sociale et politique, se focalisent, pour leur part, sur *les manières langagières et les médias par lesquels les régimes de l'époque imposent leurs rythmes aux corps-langages des foules et des masses*.

3.2.6. Dans tous ces derniers cas, les besoins nouveaux créés par le nouveau monde qui vient de sortir des années de croissance extrêmement rapide de la Belle Époque et de la déflagration qui a suivi, poussent les observateurs à sortir des schémas métriques, et même des modèles cycliques plus récents, et à leur substituer des réflexions toutes nouvelles sur les manières de fluer des corps et discours, en partie inspirées par Simmel, Tarde et Freud.

3.3. Enfin, il faut tenir compte des travaux de certains philosophes de l'époque (James, Bergson, Klages,

Whitehead et Bachelard) qui prêtent une attention toute nouvelle aux questions d'organisation des flux et même explicitement, chez ces trois derniers, de rythme.

3.3.1. Dès les années 1880 William James (1842-1910) qui, avant de devenir philosophe, a étudié la médecine, l'anatomie, la physiologie puis la physiopsychologie, développe, en réaction à sa formation et au modèle métrique proposé Helmholtz (cf. vol. 3, pp. 20-25), une nouvelle forme de psychologie en grande partie fondée sur la notion de flux qu'il expose dans les deux volumes de ses *Principles of Psychology*, parus en 1890.

3.3.1.1. Si l'instinct se manifeste par des impulsions discrètes, et si les sensations et les émotions apparaissent séparément au fur et à mesure de notre vie perceptive, nos tempéraments, nos habitudes et nos identités sociales qui, même si elles sont elles-mêmes constamment en formation, leur offrent un contexte global leur permettant de faire sens et de soutenir le travail de la croyance et de l'imagination.

3.3.1.2. Or, cet ensemble d'intrants psychologiques en interaction permanente les uns avec les autres se manifeste dans la conscience sous la forme d'un « flux » – le fameux « *stream of thought, of consciousness, or of subjective life* ».

> La conscience ne s'apparaît pas à elle-même comme hachée en petits morceaux. Des mots comme « chaîne » ou « train » ne suffisent pas à la décrire telle qu'elle se présente au premier abord. Elle n'a rien d'articulé, elle coule. « Rivière » ou « courant » sont les métaphores qui la décrivent le plus naturellement. *Pour en parler ci-après, appelons-la le courant de la pensée, de la conscience ou de la vie subjective.* (W. James, *The Principles of Psychology*, vol. 1, [1890] New York, Dover Publications, 2012, p. 239, ma trad.)

3.3.1.3. Comme on le voit, James soulignait fortement qu'il ne s'agissait en aucun cas d'une « chaîne » ou d'un « train » composés de « petits morceaux » articulés les uns aux autres, ce qui impliquait que ce flux était indemne de toute forme métrique régulière. On comprend que cette notion ait immédiatement provoqué, en ce début des années 1890, une sorte de tremblement de terre culturel qui allait avoir des répliques extraordinaires dans les milieux modernistes littéraires et artistiques anglo-saxons et au-delà, jusque dans l'entre-deux-guerres.[1]

3.3.2. Henri Bergson (1859-1941), quant à lui, entretient avec James, son aîné de 17 ans, des échanges intellectuels constants et amicaux de 1880 à la mort de ce dernier en 1910, et l'on comprend vite ce qu'ils partagent.[2]

3.3.2.1. Comme on sait, Bergson développe à partir de la toute fin des années 1880 une critique radicale de la théorie de la connaissance intellectualiste, positiviste et mécaniste qui règne à la fin du XIXe siècle. Celle-ci a, selon lui, pour principal défaut de « spatialiser le temps », c'est-à-dire de réduire la continuité et l'aspect irrégulièrement mouvant de la « durée » à des intervalles numériques égaux. En faisant appel à « l'intuition », on peut au contraire se porter à l'intérieur du mouvement des choses, surmonter la spatialisation du temps,

---

1. J. Joyce, *Ulysses*, Paris, Shakespeare and Company, 1922 ; V. Woolf, *To the Lighthouse*, London, Hogarth, 1927 ; W. Faulkner, *The Sound and the Fury*, London, Jonathan Cape, 1929.

2. Voir entre autres, W. James, « Bergson et sa critique de l'intellectualisme », *A Pluralistic Universe* [1909] – trad. fr. *Philosophie de l'expérience*, Paris, Flammarion, 1910 ; H. Bergson, « Sur le pragmatisme de William James. Vérité et réalité » [1911], *La Pensée et le Mouvant*, Paris, Alcan, 1934.

dépasser le réductionnisme analytique de la science, et ainsi comprendre la « durée » spécifique d'un phénomène particulier.

Nous appelons […] intuition la *sympathie* par laquelle on se transporte à l'intérieur d'un objet pour coïncider avec ce qu'il a d'unique et par conséquent d'inexprimable. (H. Bergson, « Introduction à la métaphysique » [1903], *La Pensée et le Mouvant*, Paris, Alcan, 1934, p. 181)

3.3.2.2. L'intellection, fait-il remarquer, spatialise, quantifie, analyse et surtout classe les phénomènes qu'elle aborde. Or, par ces opérations, elle dissout leur individualité dans une somme d'éléments privés de temporalité ou, à l'inverse, la fait disparaître dans des regroupements beaucoup trop larges. Seule l'intuition permet d'atteindre les individus dans leur durée propre ou, pour le dire autrement, les durées dans leurs individualités complexes particulières qui échappe à la combinaison trop abstraite et « indéfinissable » du « multiple et de l'un ».

Si au lieu de prétendre analyser la durée (c'est-à-dire, au fond, en faire la synthèse avec des concepts), on s'installe d'abord en elle par un effort d'intuition, on a le sentiment d'une certaine *tension* bien déterminée, dont la détermination même apparaît comme un choix entre une infinité de durées possibles. Dès lors on aperçoit des durées aussi nombreuses qu'on voudra, toutes très différentes les unes des autres, bien que chacune d'elles, réduite en concepts, c'est-à-dire envisagée extérieurement des deux points de vue opposés, se ramène toujours à la même indéfinissable combinaison du multiple et de l'un. (H. Bergson, *La Pensée et le Mouvant* [1903], *loc. cit.*, p. 208)

3.3.2.3. À vrai dire, Bergson n'exclut pas toute conceptualisation, mais il affirme que celle-ci ne saurait intervenir qu'en appui d'un mouvement d'intuition préalable et qu'elle doit, par ailleurs, s'appuyer sur des dualités de concepts opposés et non pas, comme on le fait ordinairement, sur des concepts unitaires emboîtés hiérarchiquement les uns dans les autres et liés, comme disait Descartes, par des « chaînes de raisons ».

> De l'objet, saisi par intuition, on passe sans peine, dans bien des cas, aux deux concepts contraires ; et comme, par là, on voit sortir de la réalité la thèse et l'antithèse, on saisit du même coup comment cette thèse et cette antithèse s'opposent et comment elles se réconcilient. (H. Bergson, *La Pensée et le Mouvant* [1903], *loc. cit.*, p. 190)

3.3.2.4. Pour saisir les durées dans leur spécificité, il faut donc « fluidifier » les concepts en les dialectisant.

> [Notre esprit] peut s'installer dans la réalité mobile, en adopter la direction sans cesse changeante, enfin la saisir intuitivement. Il faut pour cela qu'il se violente, qu'il renverse le sens de l'opération par laquelle il pense habituellement, qu'il retourne ou plutôt refonde sans cesse ses catégories. Mais il aboutira ainsi à des concepts fluides, capables de suivre la réalité dans toutes ses sinuosités et d'adopter le mouvement même de la vie intérieure des choses. . (H. Bergson, *La Pensée et le Mouvant* [1903], *loc. cit.*, p. 213)

3.3.2.5. Les réflexions de Bergson sur les aspects fluants de la conscience, ce qu'il appelle la « durée pure », dans son *Essai sur les données immédiates de la conscience* (1889), puis du monde naturel, qu'il nomme « évolution créatrice » dans *L'évolution créatrice* (1907), et par extension de la pensée et de l'être lui-même, qui ne sont jamais que « devenir » et « mouvance », dans *La Pensée et le Mouvant* (essais écrits entre 1903 et 1923, et publiés en 1934), toutes ces réflexions rejoignent sur bien des points celles de James, en particulier son opposition au modèle métrique et son désir d'introduire une nouvelle vision du devenir et du mouvement, qui ne les réduise plus à la simple ligne droite, régulièrement composée, du temps newtonien.

3.3.2.6. Bergson, il est vrai, n'aime pas le terme de « rythme » parce qu'il l'identifie – comme Baudelaire car c'est la représentation dominante au XIXe siècle – à la cadence et au mètre. Le rythme n'est, à ses yeux, qu'un instrument, quasi hypnotique, utilisé par les musiciens pour capter et canaliser l'attention des auditeurs.

> Dans les procédés de l'art on retrouvera sous une forme atténuée, raffinés et en quelque sorte spiritualisés, les procédés par lesquels on obtient ordinairement l'état d'hypnose. – Ainsi, en musique, le rythme et la mesure suspendent la circulation normale de nos sensations et de nos idées en faisant osciller notre attention entre des points fixes, et s'emparent de nous avec une telle force que l'imitation, même infiniment discrète, d'une voix qui gémit suffira à nous remplir d'une tristesse extrême. (H. Bergson, *Essai sur les données immédiates de la conscience* [1889], Paris, PUF, 1970, p. 11)

Il en est de même chez les poètes. « Les mouvements réguliers du rythme », c'est-à-dire ici les mètres, agissent comme un « charme » et permettent de « bercer et endormir » l'âme.

> D'où vient le charme de la poésie ? Le poète est celui chez qui les sentiments se développent en images, et les images elles-mêmes en paroles, dociles au rythme, pour les traduire. En voyant repasser devant

nos yeux ces images, nous éprouverons à notre tour le sentiment qui en était pour ainsi dire l'équivalent émotionnel ; mais ces images ne se réaliseraient pas aussi fortement pour nous sans les mouvements réguliers du rythme, par lequel notre âme, bercée et endormie, s'oublie comme en un rêve pour penser et pour voir avec le poète. *(Ibid.)*

Et c'est encore la même chose, en dépit de l'immobilité de leurs œuvres, chez les sculpteurs et les architectes. Leur usage de la « symétrie » et de la « répétition indéfinie du même motif », nous « déshabitue des changements incessants » de la « vie journalière ».

On retrouverait en architecture, au sein même de cette immobilité saisissante, certains effets analogues à ceux du rythme. La symétrie des formes, la répétition indéfinie du même motif architectural, font que notre faculté de percevoir oscille du même au même, et se déshabitue de ces changements incessants qui, dans la vie journalière, nous ramènent sans cesse à la conscience de notre personnalité. (H. Bergson, *Essai sur les données immédiates de la conscience* [1889], *loc.cit.*, p. 12)

3.3.2.7. Bergson, comme on sait, préfère, à l'instar de Verlaine, la notion de « mélodie ». Celle-ci lui semble seule apte à faire comprendre ce qu'est la « durée toute pure ». Alors que le rythme divise la durée ou l'espace en points ou sections semblables, la mélodie unifie la succession de notes pourtant séparées dans le temps en un ensemble « comparable à un être vivant ».

La durée toute pure est la forme que prend la succession de nos états de conscience quand notre moi se laisse vivre, quand il s'abstient d'établir une séparation entre l'état présent et les états antérieurs. […] il suffit qu'en se rappelant ces états il ne les juxtapose pas à l'état actuel comme un point à un autre point, mais les organise avec lui, comme il arrive quand nous nous rappelons, fondues pour ainsi dire ensemble, les notes d'une mélodie. Ne pourrait-on pas dire que si ces notes se succèdent, nous les apercevons néanmoins les unes dans les autres, et que leur ensemble est comparable à un être vivant, dont les parties, quoique distinctes, se pénètrent par l'effet même de leur solidarité ? (H. Bergson, *Essai sur les données immédiates de la conscience* [1889], *loc.cit.*, p. 75)

Contrairement au rythme, qui est une forme de découpage, de spatialisation et de quantification de la durée, la mélodie offre une image parfaite de l'intégration « dynamique », purement temporelle et qualitative, « sans aucune parenté avec le nombre », de nos sensations lorsque nous nous livrons à la « pure durée ».

[Nos] sensations s'ajouteront dynamiquement les unes aux autres, et s'organiseront entre elles comme font les notes successives d'une mélodie par laquelle nous nous laissons bercer. Bref la pure durée pourrait bien n'être qu'une succession de changements qualitatifs qui se fondent, qui se pénètrent, sans contours précis, sans aucune tendance à s'extérioriser les uns par rapport aux autres, sans aucune parenté avec le nombre : ce serait l'hétérogénéité pure. (H. Bergson, *Essai sur les données immédiates de la conscience* [1889], *loc.cit.*, p. 77)

3.3.2.8. À tout cela, il faut ajouter que Bergson a mis très longtemps à apprécier Debussy[1] et qu'il ne connaît rien de l'apport de Mallarmé, qui a pourtant été son collègue pendant un an au collège Rollin, actuellement lycée Jacques-Decour (août 1889-octobre 1890). Pour lui, donc, le rythme est comme le cinéma qui vient

---

1. C. Corbier, « Bachelard, Bergson, Emmanuel. Mélodie, rythme et durée », *Archives de Philosophie*, n° 75, 2012, note 15.

de naître : il divise le mouvement en cadres immobiles et successifs ; le rythme est nécessairement métrique.

3.3.2.9. Tout en posant les bases d'une pensée révolutionnaire du mouvement, de la mutation, de la transformation, d'une pensée libérée du modèle de découpage arithmétique platonicien, Bergson est ainsi resté à distance des pratiques et des théories du rythme les plus innovantes de son époque. Les concepts de « durée pure », d' « évolution créatrice » et de « devenir », mais aussi ceux de « multiplicité des durées » et de « dialectique sans résolution », auraient certainement pu aider à penser celui de rythme non plus comme « ordre du mouvement », selon la définition des *Lois*, mais comme « organisation globale du mouvant », voire comme « manière de fluer ». Mais pour les raisons que l'on vient de voir, cela n'a pas été le cas, tout au moins jusqu'à ce que Bachelard, j'y reviendrai plus bas, contre Bergson lui-même, réintroduise le rythme dans le bergsonisme.

3.3.3. Poursuivons avec l'essai de Ludwig Klages (1872-1956) sur le rythme publié en 1923, essai qui doit, on va le voir, beaucoup à Bergson, et qui s'inscrit dans une œuvre multiforme centrée sur un dualisme opposant les aspects analytiques et mécaniques de la raison, de l'esprit et de la société industrielle qu'ils ont permis de développer, aux vertus continuistes et organismiques des rythmes de la vie, de l'âme et de la nature[1]. Avant de se faire graphologue puis psycho-

---

1. L. Klages, *Vom Wesen des Rhythmus*, Kampmann, Kampen auf Sylt, 1923 – trad. fr O. Hanse, *La Nature du rythme*. Paris, L'Harmattan, 2004; –, *Der Geist als Widersacher der Seele*. (1929-1932, Hauptwerk in 3 Bänden). 5. Aufl., Bonn, Bouvier, 1972.

logue et enfin philosophe, Klages avait étudié la chimie. Âprement discutées pendant tout l'entre-deux-guerres, notamment par Thomas Mann qui leur reprochait leur « spiritualisme irrationaliste », ses idées ont exercé une influence profonde dans le monde de la danse expressionniste, dans une partie du monde littéraire et dans la psychologie de l'époque.

3.3.3.1. Dans son essai, Klages commence par critiquer la métrique et toutes les expressions musicales et poétiques auxquelles elle impose une « règle mécanique » ou « machinique » qui, dit-il, « *anéantit le rythme* ».

La moindre composition reproduite avec une telle exactitude qu'elle semble suivre un métronome, que le moindre vers scandé, la moindre marche militaire ainsi que tout ce qui peut s'en rapprocher, nous apparaissent comparativement sans âme et comme morts, et que nous avons pour habitude de qualifier de tels actes de « mécaniques », ce qui signifie que, pour nous, la manifestation la plus parfaite de la règle est la machine et que le mouvement de la machine *anéantit* le rythme. (L. Klages, *La Nature du rythme* [1923], *loc. cit.*, p. 39)

3.3.3.2. Contrairement à la mesure *(Takt)* qui n'est qu'une création artificielle de l'homme, le rythme lui-même est un phénomène qui participe de la nature vivante en général et de l'homme en tant, précisément, qu'il est une part de cette nature.

Le rythme est un phénomène général de la vie auquel, en tant qu'être vivant, l'homme participe à l'évidence lui aussi, la mesure est quant à elle une création de l'homme ; le rythme peut apparaître dans sa forme la plus parfaite en l'absence totale de mesure ; en revanche, la mesure ne peut se manifester sans la participation du rythme. (L. Klages, *La Nature du rythme* [1923], *loc. cit.*, p. 38)

3.3.3.3. Klages fait remarquer que selon son étymologie (*rhein* = couler), le rythme semble désigner « quelque chose de fluide, de continu et d'ininterrompu » (p. 43). Mais, prenant ici ses distances avec James et Bergson, il met en garde contre un héraclitéisme un peu sommaire car, à ses yeux, « le simple critère de la continuité ne suffit en aucun cas à définir le rythme » (p. 43). Pour expliquer que le mouvement continu puisse malgré tout posséder une « structure », il introduit une comparaison qui le met en parfaite adéquation avec la transformation, que nous avons déjà relevée à l'époque en physiologie, en psychologie, et même en économie et en sociologie, et qui a fait passer le terme rythme du sens traditionnel de « succession de temps forts et de temps faibles » au sens d'« oscillation ininterrompue de part et d'autre d'un axe de départ ».

Pensons à un étang parfaitement immobile au milieu duquel on fait tomber un caillou, et […] concentrons-nous sur l'endroit où, par exemple, un morceau de bois flottant peut indiquer [le mouvement des vagues]. Demandons-nous en quoi il est comparable à la mesure binaire et en quoi il en diffère. — De même que l'élément accentué fait suite à l'élément non accentué, le creux fait suite au sommet ; tous deux correspondent aux coups qui servaient de frontières à un laps de temps, mis à part que dans le cas présent, les coups ne sont pas marqués. […] Cette courbe représente de façon évidente la continuité sans limites d'un mouvement incontestablement structuré, causée par une oscillation ininterrompue de part et d'autre d'un axe de départ. (L. Klages, *La Nature du rythme* [1923], *loc. cit.*, p. 44)

3.3.3.4. Mais Klages ajoute à ce schème oscillatoire devenu commun dans les sciences de l'époque une suite d'idées qui, après quelques détours prometteurs, le ramènent finalement à son point de départ. Reprenant un argument vitaliste ancien, il souligne, tout d'abord, le caractère inconscient et involontaire du rythme. Dans la mesure où celui-ci participe de la vie, il comprend une dimension de « renouvellement » spontané qui ne se confond jamais avec une simple « reproduction » ou « copie » à l'identique, qui exige, elle, « esprit », « intelligence » et « calcul ».

La mesure reproduit, le rythme renouvelle *[Der Takt wiederholt, der Rhythmus erneuert]*. Parmi les aspects du rythme, le renouvellement est plus apte que la continuité à nous faire saisir le fait que le rythme relève du domaine de la vie, tandis que la mesure relève de celui de l'esprit. [...] S'il y a respect, il y a nécessairement quelque part une intelligence à l'œuvre [...] Seul un être doué d'esprit est capable de faire en sorte que, dans une mesure, un coup soit la copie du coup précédent, qu'une échelle soit la copie de l'étalon pris pour base, que chaque produit industriel reproduise un modèle donné. Dans la nature, en dehors du domaine de l'esprit, il n'existe en revanche ni copie ni répétition. Aucun vague n'imite la forme de la précédente, aucun jeune arbre n'imite sa mère, aucun jeune animal n'est la copie de l'un de ses parents, aucune feuille d'arbre celle d'une autre feuille [...] La nature engendre perpétuellement du neuf, même si les individus d'une même espèce continuent à se ressembler. (L. Klages, *La Nature du rythme* [1923], *loc. cit.*, pp. 63-64)

3.3.3.5. Mais Klages reprend alors à son compte deux notions musicales d'origine romantique, devenues des lieux communs à la fin du XIXe siècle, qui ne changent rien, fondamentalement, à la domination métrique : d'une part, l'unité garantie par la mélodie et, de l'autre, les variations permises par le *rubato*, c'est-à-dire le décalage que le musicien, et par extension le danseur, l'acteur ou le poète, introduit par rapport aux accents réguliers de la mesure. Le « renouvellement » vital constant apporté par le rythme se manifesterait ainsi par l'alliance de la continuité mélodique et des variations improvisées du tempo.

Nous savons maintenant ce qui distingue le jeu mécanique du débutant respectant la mesure avec un empressement exagéré, du jeu de l'artiste accompli. D'une part, le fait que le mouvement de la mélodie recouvre toutes les interruptions et emplit les pauses d'une vivante vibration ; d'autre part, le fait que, en restant dans le cadre de certaines limites, au-delà desquelles le rythme serait remis en question, le tempo se permet de perpétuelles variations, pour lesquelles il serait impossible de définir un quelconque principe de succession, sans parler d'en mesurer l'ampleur. Ce sont exactement les mêmes caractéristiques qui justifient la supériorité de la danse sur la marche militaire, [du] poème récité avec brio [sur] la façon presque comique qu'ont les enfants de scander les vers. (L. Klages, *La Nature du rythme* [1923], *loc. cit.*, p. 68)

3.3.3.6. Cette conception métrique du rythme, en partie déniée mais en partie seulement on va le voir, explique pourquoi Klages peut alors facilement glisser vers une espèce de pan-rythmisme fondamentalement métrique, même si le mètre y est assoupli par des variations non-calculées. Tout dans l'homme, dans son

« corps » comme dans son « âme », suit une « rythmicité » qui se traduit par des « cycles » et des « alternances » plus ou moins régulières.

Si nous nous attachons à observer chez l'homme la vie du
corps et de l'âme, nous tombons encore une fois sur une rythmicité,
qui le traverse de part en part : que l'on pense au pouls, à la respiration, au cycle de la femme, à la variation journalière et annuelle de la
masse corporelle [...] et à l'alternance d'origine sans aucun doute
corporelle entre enthousiasme, inspiration, et besoin d'isolement
réflexif. (L. Klages, *La Nature du rythme* [1923], *loc. cit.*, p. 65)

3.3.37. Par ailleurs, tous ces cycles font eux-
mêmes partie intégrante d'un « rythme encore plus
large » qui est celui de la vie et de la mort.

On ne peut ignorer la pensée profonde et convaincante, reprise
par le romantisme, que véhiculaient les mystères de l'Antiquité, et
selon laquelle la vie des individus s'intégrait dans un rythme encore
plus large [...] Le mort s'en retourne d'où il est venu, dans le ventre
de sa mère, à savoir la terre, et chaque existence constitue de la sorte
un cycle de l'ensevelissement en passant par la manifestation de la
vie, et chaque vie nouvelle représente le renouvellement de ce cycle.
(L. Klages, *La Nature du rythme* [1923], *loc. cit.*, p. 67)

3.3.3.8. Revenant vers Bergson et son souci de
d'une pensée dialectique sans résolution permettant de
saisir « comment la thèse et l'antithèse s'opposent et se
réconcilient » (voir plus haut, § 3.3.2.3.), Klages dresse
alors une liste extraordinaire des « pôles » opposés que
« l'alternance rythmique » permettrait d'associer de
manière dynamique. Le cosmos serait ainsi entièrement

et constamment traversé par les balancements plus ou moins réguliers entre les « pôles » dont il serait constitué.

> Le romantisme […] n'a eu aucun scrupule à élargir l'idée de polarité au concept de polarité du monde *(Weltpolarismus)* et […] à trouver exprimée cette polarisation fondamentale entre mort et devenir, qui embrasse la totalité de notre monde, dans l'alternance rythmique entre le jour et la nuit, la clarté et l'obscurité, l'hiver et l'été, la croissance et le flétrissement, la naissance et la mort, la répartition et la conservation, le glissement et l'adhérence, la dérive et la maîtrise, de même que dans les oppositions binaires de la terre et du ciel, de la lune et du soleil, de l'eau et du feu, de l'homme et de la femme, du haut et du bas, du devant et du derrière, de la gauche et de la droite. (L. Klages, *La Nature du rythme* [1923], *loc. cit.*, p. 81)

3.3.3.9. Mais ce qui était chez Bergson une tentative rationnelle de rendre compte de la complexité de l'être et des idées philosophiques, dérive chez Klages vers l'affirmation d'une foi panthéiste assumée. La « Terre », le « Système solaire » et l'« univers dans sa totalité » seraient ainsi, selon lui, pourvus d'« une âme ».

> Qui croit au rythme de la vague, qui croit au rythme de la grande et de la petite période du cours des choses, est obligé de considérer que la Terre elle-même est pourvue d'une âme, avec ses tempêtes et ses marées, et avec elle, nécessairement notre Système solaire et l'univers dans sa totalité. (L. Klages, *La Nature du rythme* [1923], *loc. cit.*, p. 98)

3.3.3.10. Klages finit ainsi son essai, très logiquement, par un éloge de la mesure, condamnée au départ mais qui, en tant que pôle opposé du rythme, peut aussi, « sous certaines conditions », servir à renforcer celui-ci.

L'obstacle ou le défaut (quelle qu'en soit la nature) renforce le processus organique dans lequel il apparaît. […] Ainsi l'esprit pourrait lui-même, sous certaines conditions, servir à éveiller dans le processus vital, à qui, pour ainsi dire, il barre la route, une poussée supérieure à la moyenne. […] De même […] un rythme de faible pulsation pourrait devenir un rythme aisément perceptible en se brisant contre la résistance de la mesure. […] la mesure peut même renforcer le rythme. (L. Klages, *La Nature du rythme* [1923], *loc. cit.*, p. 89)

C'est ce qu'il appelle « le contenu vital de la mesure » (titre de la dernière section, p. 85).

Grâce à sa nature double, située au point d'intersection entre la vie et l'esprit, la mesure peut, tout en *s'opposant* au rythme, s'accoupler avec lui. (L. Klages, *La Nature du rythme* [1923], *loc. cit.*, p. 92)

3.3.3.11. Si Klages connaît, de par sa formation de chimiste, les innovations scientifiques de son époque concernant le schème oscillatoire, et s'il a également lu Bergson dont il apprécie la volonté d'échapper à la spatialisation du temps, il est frappant de constater qu'il ne connaît du monde artistique que sa période romantique et qu'à part celle de Stefan Georg il ignore apparemment toutes les entreprises poétiques qui se sont développées à partir de la moitié du XIXe siècle pour utiliser et penser les *rhuthmoi* du langage et du corps. Aussi n'est-on pas étonné de constater qu'il retrouve à la fin de son exposé le paradigme platonicien dont il n'est jamais vraiment sorti, sinon par quelques sauts dans une métaphysique panthéiste.

3.3.4. Alfred North Whitehead (1861-1947), plus jeune que Bergson de deux ans seulement, offre une tout autre vision du rythme. Comme son contemporain, auquel il rend hommage à plusieurs reprises, celui-ci cherche à forger des concepts nouveaux capables de rendre compte adéquatement des découvertes que viennent de réaliser les mathématiques, en particulier l'algèbre et la logique dont il est l'un des maîtres à l'époque, mais aussi la physique, la chimie et la biologie.

3.3.4.1. Comme Bergson, Whitehead appartient déjà à un autre monde que celui de James. C'est un monde où le défi d'un devenir hétérogène et irrégulier, qui a commencé à se faire sentir dès la deuxième moitié du XIXe siècle, est porté désormais aux dimensions du cosmos lui-même par Einstein, avec sa théorie de la relativité (1905-1915), et par Lemaître et Hubble, avec leur découverte de l'expansion de l'univers (1927-1929).

> D'après les notions prérelativistes du temps, il ne saurait y avoir qu'une seule durée incluant M [une occasion particulière], et elle devrait contenir tous les contemporains de M. D'après les conceptions relativistes modernes, il nous faut admettre qu'il existe plusieurs durées incluant M – une infinité, en fait, si bien qu'aucune ne contient tous les contemporains de M. (A. N. Whitehead, *Procès et Réalité. Essai de cosmologie,* [1929], Paris, Gallimard, 1995, p. 496)

Mais c'est aussi un monde où la physique quantique de Planck (1900) et surtout de de Broglie (1923-1924) a transformé le « matérialisme » ancien en un « réalisme organique » qui a substitué la notion « d'énergie fluente » à l'ancienne notion de matière atomique, qui elle était fondamentalement statique.

> Dans le langage de la science physique, le passage du matérialisme au « réalisme organique » – comme on peut appeler cette nouvelle perspective – constitue le remplacement de la notion de matière

statique par celle d'énergie fluente. (A. N. Whitehead, *Procès et Réalité* [1929], *loc. cit.*, p. 479)

3.3.4.2. Tous deux veulent rendre compte de la fluidité fondamentale du monde. Pour cela ils veulent l'un et l'autre surmonter les préjugés spatialisant et le fixisme des méthodes et des ontologies fondées sur le seul intellect humain qui ont dominé la philosophie depuis l'Antiquité. Whitehead est en partie d'accord à cet égard avec Bergson.

Dans l'ensemble, l'histoire de la philosophie étaye l'accusation bergsonienne selon laquelle l'intellect humain «spatialise l'univers», c'est-à-dire tend à ignorer la fluence et à l'analyser au moyen de catégories statiques. (A. N. Whitehead, *Procès et Réalité* [1929], *loc. cit.*, p. 342)

3.3.4.3. Mais Bergson et Whitehead diffèrent sur le moyen d'y arriver d'une manière qu'a bien résumée Didier Debaise. À «l'empirisme de l'immédiateté» fondé sur l'intuition et la sympathie avec les fluences du réel prôné par le premier, le second oppose un «empirisme spéculatif» qui ne croit pas possible d'accéder à «l'expérience immédiate» sans le truchement d'abstractions adéquates[1]. Il reproche ainsi à Bergson d'aller trop loin en affirmant que le travers spatialisant, et déjà ancien il est vrai, des philosophes serait «une nécessité inhérente à l'intellect humain» (p. 342) et il rejette la

---

1. D. Debaise, «Devenirs et individuations. L'hommage de Whitehead à Bergson», *Noesis*, n° 13, 2008. Voir également, –, *Un empirisme spéculatif. Lecture de* Procès et réalité *de Whitehead*, Paris, Vrin, 2006.

solution intuitionniste et banalement héraclitéenne que propose Bergson.

Pour lui, du point de vue méthodologique, la spatialisation, c'est-à-dire la constitution « d'outils » conceptuels abstraits, reste absolument nécessaire.

> Je tiens que la « spatialisation » est la voie la plus courte vers une philosophie claire et nette, s'exprimant dans un langage raisonnablement familier. (A. N. Whitehead, *Procès et Réalité* [1929], *loc. cit.*, p. 342)

De plus, du point de vue ontologique, s'il est bien premier, le devenir n'est pas continu ou tout au moins pas linéaire et régulier. Il est « complexe » et suit « un ordre embrassant la nouveauté ».

> Il existe un devenir de la continuité, mais pas de continuité du devenir. […] Ce qu'il faut, c'est quelque chose de plus complexe, c'est un ordre embrassant la nouveauté. (A. N. Whitehead, *Procès et Réalité* [1929], *loc. cit.*, p. 92)

3.3.4.4. Comme le dit également Bachelard à la même époque, en fait il n'existe pas de durée continue ; toute durée est « rythmique » car constituée d'une succession d'action de « vecteurs » qui « acheminent les choses multiples dans la constitution du seul *superject*. Le procès créateur est rythmique » (p. 257). Si ce à quoi nous avons affaire n'est pas une matière immobile mais une « énergie fluente », cela ne veut pas dire que ce flux soit complètement liquide ou chaotique. Whitehead utilise à cet égard l'expression très forte de « structure d'action et d'écoulement », où bien sûr le terme structure n'a rien à voir avec ce qu'il désignera dans le structuralisme et signifie un agencement, ou mieux une organisation.

Such energy has its structure of action and flow, and is inconceivable apart from such structure – Une telle énergie a sa structure d'action et d'écoulement, et elle est inconcevable en dehors de cette structure. (A. N. Whitehead, *Procès et Réalité* [1929], *loc. cit.*, p. 479)

3.3.4.4.1. Didier Debaise souligne l'aspect pulsatoire du devenir selon Whitehead. Si la fluence de l'être est rythmique, c'est parce qu'elle est « plus de l'ordre d'une pulsation, d'une suite de contractions et de relâchements, de préhensions et d'objectivations, que d'un développement continu qui se prolongerait harmonieusement. »

Ce qui est premier, ce n'est pas, comme le pensait Bergson, la continuité de la flèche que l'intelligence découperait en moments distincts, c'est la série des actes discontinus de devenirs qui donnent naissance, par leur transmission de proche en proche, à une continuité. […] Le mouvement est plus de l'ordre d'une pulsation, d'une suite de contractions et de relâchements, de préhensions et d'objectivations, que d'un développement continu qui se prolongerait harmonieusement. Il faut inverser l'ordre des raisons : la continuité n'est pas première ; elle est un effet, un mixte de concrescence et de transition. *L'essence du temps est dans la discontinuité* mais celle-ci produit par la transition d'une individuation à une autre une continuité sans cesse dépendante de la décision de chaque existence. (D. Debaise, « Devenirs et individuations. L'hommage de Whitehead à Bergson », *loc. cit.*, 2008)

3.3.4.4.2. Mais il faut ajouter à cela, que ce « rythme », qui constitue la durée ou le devenir, sort lui-même de la linéarité dans laquelle le maintenaient la théorie métrique classique ou la métaphore mélodique bergsonienne, et, comme dans la musique et dans la poésie de l'époque, inclut des dimensions parallèles multiples, des polyrythmies au sens de Stravinski, mais aussi, par le jeu des interactions entre ces durées, des dimensions pour ainsi dire perpendiculaires, qui en font, comme dans la poésie de Mallarmé, un « ensemble » jouissant d'« unisson d'immédiateté ».

> Une durée est un ensemble complet d'occasions actuelles, dont tous les éléments sont réciproquement contemporains les uns des autres. On exprime cette propriété en disant que les éléments de l'ensemble jouissent d'« unisson d'immédiateté ». (A. N. Whitehead, *Procès et Réalité* [1929], *loc. cit.*, p. 498)

3.3.5. On connaît enfin le rôle de Gaston Bachelard (1884-1962) dans l'élaboration au cours des années 1930 d'une critique de la durée bergsonienne, qui ressemble beaucoup à celle engagée par Whitehead mais qu'il ne cite pas, et d'une méthode de régulation des disharmonies rythmiques de la vie intérieure et sociale, dont il emprunte, explicitement cette fois, le nom, et en partie l'objectif, à Pinheiro dos Santos : la « rythmanalyse ».

3.3.5.1. Pour Bachelard, comme pour Whitehead, le temps n'est pas continu ; bien au contraire, il est fondamentalement discontinu.

3.3.5.1.1. Dans *L'Intuition de l'instant* (1932), tout en conservant encore le thème bergsonien de l'intuition, il oppose au primat de la « durée » celui, emprunté à Roupnel, de « l'instant ». Le temps ne se présente pas comme un flux continu et régulier que l'intelligence réduirait à « des états immobiles », mais, au contraire, comme une suite d'instants intégrés par les forces dynamiques de la mémoire et de l'imagination.

Pour M. Bergson, la vraie réalité du temps, c'est sa durée ; l'instant n'est qu'une abstraction, sans aucune réalité. Il est imposé de l'extérieur par l'intelligence qui ne comprend le devenir qu'en repérant des états immobiles. […] Pour M. Roupnel, la vraie réalité du temps, c'est l'instant ; la durée n'est qu'une construction, sans aucune réalité absolue. Elle est faite de l'extérieur, par la mémoire, puissance d'imagination par excellence, qui veut rêver et revivre et non pas comprendre. (G. Bachelard, *L'Intuition de l'instant* [1932], Paris, Stock, 1992, p. 25)

3.3.5.1.2. Non seulement notre « sens du temps », que nous pensons être naïvement une donnée naturelle de l'esprit humain dont Kant se serait simplement saisi pour en faire l'un des piliers de la philosophie rationnelle moderne, est selon les physiopsychologues allemands Vierordt et Wundt, qu'étonnamment Bachelard ne cite pas, le produit de la succession de nos perceptions et varie selon leur fréquence[1], mais ce *Zeitsinn* dépend, comme vient de le montrer Roupnel, avant tout de la force de notre volonté et de notre créativité : « Le temps ne dure qu'en inventant. » (p. 86) Ce sont les « actions » et le « progrès » éventuel reliant les « instants conscients » qui le peuplent, qui constituent le « sentiment que nous durons ».

Entre M. Bergson et nous-même, c'est donc toujours la même différence de méthode ; il prend le temps plein d'événements au niveau même de la conscience des événements, puis il efface peu à peu les

---

1. Sur K. Vierordt, *Der Zeitsinn nach versuchen*, Tübingen, Laupp'schen Buchhandlung, 1868 et W. Wundt, *Grundzüge der physiologischen Psychologie*, Leipzig, W. Engelmann, 1873-1874, voir mes *Elements of Rhythmology*, Paris, Rhuthmos, 2019, vol. 3, p. 25 *sq.* et 40 *sq.*

événements, ou la conscience des événements ; il atteindrait alors, croit-il, le temps sans événements, ou la conscience de la durée pure. Au contraire, nous ne savons sentir le temps qu'en multipliant les instants conscients. [...] La conscience du temps est toujours pour nous une conscience de l'utilisation des instants, elle est toujours active, jamais passive, bref la conscience de notre durée est la conscience d'un *progrès* de notre être intime. (G. Bachelard, *L'Intuition de l'instant* [1932], *loc. cit.*, p. 88)

3.3.5.1.3. Or, ces « actions » ne peuvent produire un tel « progrès » que si elles arrivent à s'organiser – Bachelard utilise ici d'une manière significative la même notion que Whitehead – dans un « rythme renouvelé » et « cohérent », que Bachelard lui aussi oppose à « la répétition pure et simple ». Où l'on voit apparaître, gain évident du rapport de Bachelard aux poètes et à la poésie de son époque qui échappait à Bergson et à Klages, à la fois, le rejet du modèle métrique qui restait dominant chez les physio-psychologues, la notion d'ouverture vers l'inconnu de cette organisation des événements dans le flux de la durée, et celle de cohérence de cette organisation, qui toutes les trois sont déjà apparues pour décrire le fonctionnement du discours poétique chez Mallarmé.

Le complexe ainsi organisé dans un progrès est alors plus clair et plus simple, le rythme bien renouvelé plus cohérent que la répétition pure et simple. (G. Bachelard, *L'Intuition de l'instant* [1932], *loc. cit.*, p. 88)

3.3.5.2. Poursuivant sa réflexion, dans *La Dialectique de la durée* (1936) Bachelard adopte, contre Bergson, mais comme Vierordt, Wundt et Whitehead avant lui, une perspective sur le temps clairement constructionniste. Notre durée intérieure est le produit d'une intégration, au sens anthropologique et éthique, on vient de le voir, comme au sens mathématique, d'instants *a priori* dispersés.

3.3.5.2.1. Pour chacun des plans où on les observe ces instants peuvent être définis, en première approximation, comme des « événements » successifs séparés par des « intervalles » vides répartis sur une même ligne.

> Examinée dans sa contexture, sur n'importe lequel de ses plans et à la condition de s'astreindre à rester sur un même plan d'examen, nous avons vu la phénoménologie comporter toujours une dualité des événements et des intervalles […] nous avons toujours vu une durée précise et concrète fourmiller de lacunes. (G. Bachelard, *La Dialectique de la durée* [1936], Paris, PUF, 2022, p. 37)

3.3.5.2.2. Par ailleurs, non seulement la production psychique, quel que soit le plan que l'on observe, apparaît le plus souvent pleine de « discontinuités », mais la continuité apparente de certains de ses fils semble en réalité soutenue par celle d'autres fils psychiques plus profonds et, de là, peu accessibles.

> En examinant, feuillet par feuillet, les divers plans d'enchaînement du psychisme, on aperçoit les discontinuités de la production psychique. S'il y a continuité, elle n'est jamais dans le plan où l'on exerce un examen particulier. Par exemple, la « continuité » dans l'efficacité des motifs intellectuels ne réside pas dans le plan intellectuel ; on la *suppose* dans les plans des passions, des instincts, des intérêts. (G. Bachelard, *La Dialectique de la durée* [1936], *loc. cit.*, 2022, p. 38)

3.3.5.2.3. Il nous faut donc reconnaître que la vie psychique entrelace de nombreuses durées, que les « événements » et les « intervalles » dont elles sont chacune constituées résonnent ou parfois s'opposent les uns aux autres, et que ces écheveaux connaissent donc des variations constantes de « rythme », de « solidité » et de « puissance de continu ».

> À notre avis, la continuité psychique pose un problème et il nous semble impossible qu'on ne reconnaisse pas la nécessité de fonder la vie complexe sur une pluralité de durées qui n'ont ni le même rythme, ni la même solidité d'enchaînement, ni la même puissance de continu. (G. Bachelard, *La Dialectique de la durée* [1936], *loc. cit.*, 2022, p. 38)

3.3.5.2.4. La qualité, le dynamisme et la créativité de la vie psychique dépendent ainsi de la puissance et de la qualité de cette intégration : « *La continuité psychique est, non pas une donnée, mais une œuvre.* » ([1932], *loc. cit.*, p. 38, italiques de Bachelard). D'où la nécessité de trouver une méthode qui permette d'optimiser cette intégration en écartant les disharmonies rythmiques et en promouvant des rythmes épanouissants ou encapacitants.

> Pour penser, pour sentir, pour vivre, il faut mettre de l'ordre dans nos actions, en agglomérant des instants dans la fidélité des rythmes, en unissant des raisons pour faire une conviction vitale. (G. Bachelard, *La Dialectique de la durée* [1936], *loc. cit.*, 2022, p. 63)

3.3.5.3. C'est donc ce qu'ambitionne la « rythmanalyse », terme forgé sur le modèle de la « psychanalyse » mais dans lequel la notion de psyché, encore trop figée, est remplacée par celle de flux psychique et de son organisation rythmique complexe. Cette rythmanalyse va avoir pour tâche de guérir « l'âme qui souffre du temps » c'est-à-dire des disharmonies rythmiques qui constituent sa durée.

> Nous avons acquis la conviction qu'il y a place, en psychologie, pour une rythmanalyse dans le style même où l'on parle de psychanalyse. Il faut guérir l'âme souffrante – en particulier l'âme qui souffre du temps, du spleen – par une vie rythmique, par une pensée rythmique, par une attention et un repos rythmiques. (G. Bachelard, *La Dialectique de la durée* [1936], *loc. cit.*, 2022, p. 40)

3.4. Le rapide survol que nous venons d'effectuer montre que l'intérêt pour le rythme s'est propagé durant les années 1890-1940 avec une force d'expansion extraordinaire qui ne peut que nous interpeller.

3.4.1. Par ailleurs, toutes les pratiques artistiques, tous les travaux scientifiques et philosophiques qui, à cette époque, introduisent dans leur réflexion la notion de rythme sont traversés par le souci non seulement de saisir les phénomènes dans leurs devenirs, mais aussi de saisir ces derniers dans leur organisation temporelle. Ces deux éléments pourraient sembler aller dans le sens d'une certaine unité artistique et épistémique de l'époque.

3.4.2. Pourtant, dès qu'on regarde les choses de plus près, on s'aperçoit que cette attention pour les organisations temporelles des phénomènes se traduit le plus souvent par un recours au schème dominant du *metron*, et ce n'est que sporadiquement, et parfois même sans recours à la notion de rythme, que l'on trouve des essais, plus ou moins développés, de remplacer ce point de vue par un point de vue *rhuthmique*. On n'observe donc aucune unité des pratiques et des visions du monde de l'époque mais bien un conflit permanent entre ces deux orientations, parfois léger et introduisant quelques tourbillons au sein même des flux artistiques et scientifiques dominants, parfois plus accusé et amenant une pensée ou une pratique, toujours particulière, à en sortir et à fluer d'une manière nouvelle. Le rythme n'a donc jamais constitué une quelconque grille structurale déterminant *a priori* les arts, les savoirs scientifiques et la philosophie de l'époque, mais il a été l'enjeu d'un nombre incalculable de discussions et de conflits, qui n'ont jamais connu de solution définitive, autre que celle de leur quasi-disparition brutale de la scène scientifique au cours des années 1950.

Contexte historique – affaiblissements psychiques et collectifs, et reconcentration des pouvoirs – 1914-1940

4. Reste que tous ces travaux possèdent bien « un air de famille » dont nous pouvons maintenant examiner les liens avec les défis et les questions engendrés par le nouveau contexte historique dans lequel ils se sont développés. De même que l'effervescence rythmique des années 1890-1914 renvoyait manifestement aux puissantes et rapides mutations techniques, économiques, sociales, politiques et culturelles qui se sont produites durant cette période, de même la diffusion proliférante du rythme au cours des années 1914-1940 s'éclaire à la lumière des nouvelles transformations auxquelles les arts, les sciences et la philosophie ont alors été confrontés.

4.1. À la suite de la Première Guerre mondiale, avec la disparition des Empires russes, austro-hongrois et allemand, la mise en quarantaine de l'URSS et le choix de l'isolationnisme par les États-Unis, la reconstruction de l'ordre mondial s'est faite autour des Empires anglais et français, ainsi que sur la base d'une Société des Nations vite fragilisée par l'indifférence américaine, l'hostilité des régimes autoritaires, nés dans les États vaincus, comme l'Allemagne, ou frustrés dans leurs attentes, comme l'Italie ou le Japon. L'atmosphère politique internationale, régulièrement troublée par des crises plus ou moins aiguës mais relativement ouverte et optimiste, qui avait régné un temps pendant la « première mondialisation », a alors laissé la place, surtout dans ces derniers pays mais pas seulement, à des perspectives beaucoup plus agonistiques et pessimistes. Les conflits sont réapparus et n'ont cessé de s'envenimer. Cette dégradation du climat politique international a eu des effets sur les opinions publiques qui se sont scindées, encore plus radicalement qu'avant la guerre, entre enracinements nationaux et ouverture internationale, entre désir de retourner vers le passé et désir de transformation utopique. Toutes les formes d'individuation singulière et collective, stabilisées un temps de manière assez précaire, ont été rapidement entraînées dans de nouvelles mutations plus ou moins profondes.

4.2. Si nous descendons maintenant d'un degré et regardons ce qui se passe au niveau de la vie des individus eux-mêmes, nous pouvons observer de nombreuses formes nouvelles de rythmisation, et cela aussi bien du point de vue corporel que langagier. Kracauer, Simone Weil, Friedmann et, plus tard, Foucault, montrent les progrès de la « métrise » des corps au travers de l'essor du travail à la chaîne, de l'éducation primaire, du service militaire et du système pénitentiaire. Parallèlement, Tarde, Benjamin, Tchakhotine et Klemperer, documentent l'invasion de la « conversation », et plus largement de tous les discours échangés entre individus au cours de leurs interactions, par les tournures stéréotypées de la presse, et bientôt par le vocabulaire déformé et l'énergie hystérique des prêches charlatanesques des politiciens usant des médias radiophoniques.

4.3. Dès lors, on comprend assez bien pourquoi les artistes ont multiplié les approches rythmiques.

4.3.1. Soit il s'agissait pour eux de critiquer la mécanisation de la vie et des corps au nom d'un vitalisme et d'un rapport à l'Originel qui auraient été dévoyés ou perdus (comme les écrivains, danseurs et éducateurs inspirés par Jaques-Dalcroze et Klages, et beaucoup des participants du mouvement de *Lebensreform* allemand).

4.3.2. Soit ils cherchaient, au contraire, à esquisser à grands traits, en surfant sur la mécanisation, des utopies modernistes orientées vers une société nécessairement meilleure (comme les Futuristes italiens, Gastev et les révolutionnaires russes fascinés par le taylorisme, Eisenstein, Murphy, Léger, Richter et les théoriciens du nouveau cinéma, beaucoup d'architectes et de peintres abstraits et constructivistes, comme Guinzbourg, Delaunay et Mondrian).

4.3.3. Soit ils exploraient, d'une autre manière encore, les nouvelles possibilités poétiques, éthiques et politiques, offertes par les transformations du rapport au langage, en en tirant, du reste, des conclusions très diverses et parfois même opposées (comme un certain nombre d'écrivains et de poètes, d'Apollinaire, Mandelstam et Maïakovski à Yeats et Pound en passant par Eliot, Woolf, Cummings et beaucoup d'autres).

4.4. Dans le cas des sciences sociales et humaines, le rapport peut sembler plus difficile à cerner, mais je pense qu'il apparaît dès que l'on élargit la perspective. Quand on les observe du point de vue de leurs enjeux anthropologico-historiques, leurs rapports avec les nouvelles transformations rythmiques apparaissent en effet à tous les niveaux du monde de l'époque. En recourant à la notion de rythme, ces études cherchaient à répondre à une série de questions que l'on pourrait résumer de la manière suivante.

4.4.1. Comment, tout d'abord, décrire, comprendre et critiquer des organisations sociales et des formes de vie apparemment emportées dans un flux incessant de transformations ? Comment rendre compte de leur aspect essentiellement dynamique sans oublier leur puissance morphologique, qu'elle soit positive ou négative ?

4.4.2. Mais comment, aussi, expliquer les nouvelles concentrations de force qui apparaissent désormais dans ce monde pourtant fluide ? Quel sens donner aux déchaînements de violence qui s'y produisent déjà ou risquent de s'y produire ? Quels modes d'actions imaginer pour s'y opposer ? Quelles formes sociopolitiques alternatives proposer ?

4.4.3. Beaucoup des travaux scientifiques convoquant la notion de rythme le font ainsi pour rendre compte des phénomènes de dissolution ou au moins d'affaiblissement des organisations psychiques et collectives, puis de reconcentration des pouvoirs qui sont en train de se produire.

4.5. Il n'est pas jusqu'aux réflexions philosophiques sur les flux et les rythmes de James, Bergson, Klages, Whitehead et Bachelard, dont on connaît, par ailleurs, les liens avec l'évolution de la psychologie, des sciences de la nature et des mathématiques, qui ne puissent être mises en relation, au moins obliquement, avec ce contexte économique, social, culturel et politique instable, où les mutations l'emportent désormais sur toute stabilité, mais aussi où les rythmes métriques pénètrent de plus en plus profondément la vie psychique et collective.

L'effondrement de l'intérêt pour le rythme – les années 1950 et 1960

5. Dans les années 1950, l'intérêt pour la question du rythme a commencé à décliner rapidement.

5.1. Du côté des artistes, le panorama n'a pas encore été étudié comme il le mériterait mais un premier sondage laisse à penser que le rythme n'est plus un thème de recherche central, même s'il continue bien entendu à être illustré par des artistes déjà présents pendant l'entre-deux-guerres comme Laban, Bode, Wigman, Anni et Josef Albers, Léger, ou à être utilisé de manière technique ou pratique dans de nombreux arts comme en musique, dans le cinéma et en architecture, ou bien même en accord avec les nouveaux préceptes formalistes[1].

5.2. Du côté des sciences humaines et sociales, en dehors de quelques études menées par certains chercheurs durkheimiens poursuivant comme Gurvitch des problématiques d'avant-guerre[2], par quelques

---

1. T. Moore & C. Winner (Ed.), *Rhythm and Geometry : Constructivist art in Britain since 1951*, Norwich, Sainsbury Centre for Visual Arts, **2021**.

2. M. Halbwachs, *Les Cadres sociaux de la mémoire*, Paris, **1925** ; *La Mémoire collective*, Paris, PUF, **1950**, nouv. éd. Albin

sociologues marxisants comme Lefebvre, Friedmann et Naville, relativement marginaux dans le monde académique[1], ou encore par quelques psychologues comme Fraisse, Oléron, Ehrlich, inspirés par la psychologie expérimentale allemande du XIXe siècle (Wundt) et française de l'entre-deux-guerres (Fessard, Piéron, Michotte)[2], les chercheurs commencent à se tourner vers d'autres types d'objet et de méthodes.

Michel, 1997 (Halbwachs est mort en 1945) ; G. Gurvitch, *La Vocation actuelle de la sociologie*, t. I et II, Paris, PUF, **1950**.

1. Voir entre autres, H. Lefebvre, *Critique de la vie quotidienne*, vol. 1, Paris, L'Arche, **1947** ; G. Friedmann, *Machinisme et Humanisme. Les problèmes humains du machinisme industriel*, Paris, Gallimard, **1946**, nouv. éd. rev. 1955 ; –, *Le Travail en miettes*, Paris, Gallimard, **1956** ; P. Naville, *La Vie de travail et ses problèmes*, **1954** ; –, *Temps et Technique. Structures de la vie de travail*, Paris-Genève, Droz, **1972**. En 1954, Naville écrit à propos de la journée de travail : « Le trait principal est son caractère cyclique ou rythmique. Ce caractère est lié à la fois à l'esprit naturel et cosmologique de la journée […] et au caractère des fonctions physiologiques supérieures […] Il est évident que le travail devrait être de prime abord lié à des rythmes et fonctions naturels. » (p. 19)

2. P. Fraisse, « Mouvements rythmiques et arythmiques », *L'Année psychologique*, n° 47-48, **1946**, pp. 11-27 ; –, « Rythmes auditifs et rythmes visuels », *L'Année psychologique*, n° 49, **1948**, pp. 21-42 ; –, « La perception de la durée comme organisation du successif », *L'année psychologique*, vol. 52, n° 1, **1952**, pp. 39-46 ; – avec G. Oléron, « La structuration intensive des rythmes », *L'Année psychologique*, n° 54, **1954**, pp. 35-52 ; –, avec St. Ehrlich, « Note sur la possibilité de syncoper en fonction du tempo d'une cadence », *L'Année psychologique*, vol. 56, n° 1, **1955**, pp. 66-65 ; –, avec G. Oléron & St. Ehrlich, « La structuration tonale des rythmes », *L'Année psychologique*, vol. 56, n° 1, **1956**, pp. 27-45 ; –, *Les structures rythmiques : étude psychologique*, Louvain, Publi. univ. de Louvain, **1956** ; –, « Psychologie des rythmes humains » **[1968]**, *Pour la psychologie scientifique*, Mardaga, Liège-Bruxelles, 1988 – Sur Fraisse, voir C. Leconte, *Des rythmes de vie aux rythmes scolaires. Une histoire sans fin*, Lille, Presses univ. du Septentrion, **2016**, chap. 2, pp. 93-146.

6. Au cours de la décennie 1960, les derniers travaux en sciences humaines et sociales à explicitement mobiliser la notion de rythme sont encore moins nombreux et ne bénéficient d'aucune reconnaissance scientifique.

6.1. Ces travaux se limitent, à ma connaissance, à ceux de Lefebvre (né en 1901), qui commence à transposer les questionnements de la philosophie bachelardienne concernant les fluements plus ou moins « disrythmiques » de la psyché dans une sociologie des fluement plus ou moins « arythmiques » de la vie quotidienne[1] ; ceux de Fraisse (né en 1911), qui achève les travaux engagés pendant la décennie précédente[2] ; ceux de Leroi-Gourhan (né également en 1911), qui a été dans l'entre-deux-guerres un élève de Mauss et introduit ses interrogations dans la paléoanthropologie[3] ; et ceux d'une anthropologue, Geneviève Calame-Griaule (née en 1924), fille de l'anthropologue Marcel Griaule, lui-même élève de Mauss, et passionnée par la littérature orale[4].

6.2. En philosophie, il faut ajouter, ce qui est bien maigre, l'essai de Maldiney (né en 1912), qui introduit, dans une vision en partie inspirée par la phénoménologie heideggérienne, la question du rythme empruntée à l'historien de l'art autrichien Riegl, à Mauss dont il a suivi les cours dans les années 1930, et à Benve-

---

1. H. Lefebvre, *Critique de la vie quotidienne*, vol. 2, Paris, L'Arche, **1961**.

2. P. Fraisse, « Psychologie des rythmes humains » **[1968]**, *Pour la psychologie scientifique*, Mardaga, Liège-Bruxelles, 1988.

3. A. Leroi-Gourhan, *Le Geste et la Parole II. La mémoire et les rythmes*, Paris, Albin Michel, **1965**.

4. G. Calame-Griaule, *Ethnologie et Langage. La parole chez les Dogons*, Paris, Gallimard, **1965**.

niste dont il cite le travail élogieusement[1], mais aussi, on peut le noter, l'un des premiers grands livres d'un jeune philosophe nommé Gilles Deleuze (né en 1925)[2], qui est, à l'université de Lyon, le collègue et ami de Maldiney, avec qui il a de nombreux échanges et qui annonce la prochaine apparition d'une nouvelle constellation rythmique au cours des années 1970.

7. À la fin des années 1960, la question du rythme semble finalement disparaître des préoccupations des scientifiques et des philosophes. Mis à part ceux de Lefebvre et de Maldiney, qui à la fois transmettent certaines idées de l'entre-deux-guerres et ouvrent des voies qui connaîtront le succès que l'on sait à partir de la toute fin du XXe siècle, la plupart de ces travaux n'auront aucune postérité. Fraisse, Leroi-Gourhan, Calame-Griaule font ainsi aujourd'hui partie des noms qui possèdent toujours une certaine aura dans leurs différentes disciplines, mais dont on ne réutilise guère les travaux.

Contexte historique – nouvelle génération, nouveau monde, nouveaux paradigmes

8. À quoi peut-on attribuer ce recul puis cet effacement ?

8.1. Passage des deux générations qui ont porté l'intérêt pour le rythme, très certainement. Au cours de la Seconde Guerre mondiale et des deux décennies qui ont suivi, une très grande partie des praticiens ou théoriciens qui avaient donné au rythme une place

1. H. Maldiney, « L'esthétique des rythmes » **[1967]**, *Regard, Parole, Espace*, Lausanne, L'âge d'homme, 1973, pp. 201-230.
2. G. Deleuze, *Différence et Répétition*, Paris, PUF, **1968**.

déterminante dans la première moitié du XXe siècle ont disparu. Si l'on prend les 84 artistes, scientifiques ou philosophes « rythmophiles » inclus dans la bibliographie complémentaire à celle de Ruckmich qui a été

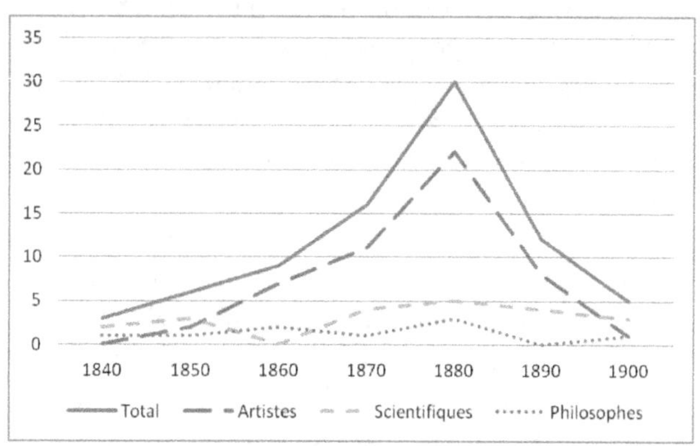

Nombre de naissances de « rythmophiles » par décennie au XIXe siècle

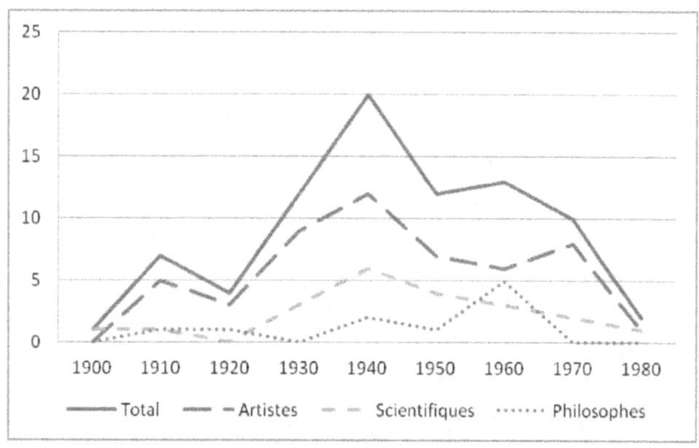

Nombre de décès de « rythmophiles » par décennie au XXe siècle

présentée plus haut, et que l'on compare leurs dates de naissance et de décès, on peut voir qu'ils sont majoritairement nés entre 1870 et 1900, et qu'ils ont majoritairement disparu entre 1940 et 1960, avec un pic des naissances, particulièrement chez les artistes, dans la décennie 1880 et un pic de mortalité dans la décennie 1940.

8.2. Dans les années 1960, nous venons de le voir, les derniers chercheurs qui produisent encore quelques travaux mobilisant la notion de rythme ont tous, sauf Geneviève Calame-Griaule et Deleuze, plus de cinquante voire soixante ans comme Lefebvre.

8.3. Cet effacement est aussi, à l'évidence, un effet de la vague systémiste et structuraliste portée, en France mais aussi ailleurs, par la génération suivante. Dans un monde restabilisé par la mise en place des blocs, la construction d'États-providence, le développement d'entreprises hiérarchisées et par une conception moderniste de l'existence individuelle, la question des rythmes a rapidement laissé la place à celles des systèmes et des structures. Ces dernières apparaissent ainsi, *a posteriori*, largement liées aux nouvelles conditions d'organisation de l'individuation singulière et collective, et aux pouvoirs qui se sont mis en place durant ce que l'on a appelé les Trente Glorieuses. À un monde psychique et collectif ayant trouvé des rythmes relativement stables et du coup transparents, répondent des approches qui en effacent le caractère toujours problématique.

8.4. Cette correspondance a donné à ces nouvelles formes d'approche une assez bonne pertinence historique. En même temps, elle les a poussées à gommer ou mésestimer ce qui faisait le cœur des préoccupations des chercheurs et des artistes de la période précédente et restait secrètement aux fondements de la leur : l'historicité, la temporalité, le caractère mouvant, voire fluide, mais toujours organisé, de toutes les entités psychiques, sociales et culturelles. Ainsi, par un effet classique d'occultation scientifique, les thématiques antérieures qui, en dépit des conflits idéologiques et méthodologiques qui les traversaient, étaient entièrement dominées par les questions du temps, de la morphogenèse et des rythmes, ont été vues désormais, soit comme des concurrentes à disqualifier ou à oublier, soit, dans le meilleur des cas, comme des ébauches maladroites des approches structurales ou systémiques qui se sont alors imposées – ainsi Mauss et Granet « annonçaient-ils », disait-on, Lévi-Strauss ; Freud, Lacan ; Evans-Pritchard, Louis Dumont, etc.

8.5. S'il est vrai, comme on dit, que la pensée est toujours fille de son époque, il est probable qu'il était difficile de faire autrement, mais on perçoit les contre-sens induits par ces lectures téléologiques, qui sont devenues par la suite des stéréotypes de l'enseignement universitaire et de la recherche[1]. Et l'on comprend aussi tout ce qui a été perdu par l'effacement des questions rythmiques de la conscience scientifique commune, comme l'illustrent encore aujourd'hui nombre de manuels et de dictionnaires de sciences sociales qui restent significativement muets à leur égard[2].

---

1. En ce qui concerne l'enseignement, il suffit de prendre n'importe quel manuel récent de sciences sociales et de lire les notices consacrées à Mauss, Evans-Pritchard, Granet ou encore Freud qui n'y font que « préparer » le succès de leurs successeurs – à quoi on pourrait, d'ailleurs, ajouter celles, du même acabit, dévolues à Saussure dans les manuels de linguistique. Pour la recherche contemporaine, je laisse au lecteur le plaisir de la découverte.

2. Voir par exemple, l'absence totale du rythme et des questions qu'il pose dans P. Bonte & M. Izard, *Dictionnaire de l'éthnologie et de l'anthropologie*, Paris, PUF, 1991 ; A. Akoun & P. Ansart, *Dictionnaire de sociologie*, Paris, Le Robert/Seuil, 1999 ; R. Boudon & F. Bourricaud, *Dictionnaire critique de la sociologie*, Paris, PUF, 2004.

3.

Réémergences du *rhuthmos* dans les années 1970 et 1980

> Radialité de groupes autour d'un centre inhabité = le principe même des organisations (je voudrais un terme moins volontariste : des constellations ?) idiorrythmiques. (R. Barthes, *Comment vivre ensemble*, Paris, Le Seuil/ IMEC, 1977, p. 87)

> Les disciplines se sont closes sur des objets mutilés. Ainsi, la connaissance close a partout détruit ou occulté les solidarités, les articulations, l'écologie des êtres et des actes, l'existence ! (E. Morin, *La Méthode*, vol. 1, Paris, Le Seuil, 1977, p. 288)

Objectifs du volume 4

Depuis une quinzaine d'années, la rythmanalyse a connu un essor considérable dans de nombreuses disciplines, notamment dans le monde scientifique anglo-saxon. Bien que d'une manière plus modeste et limitée pour le moment au monde continental, la rythmologie, de son côté, a connu elle aussi un développement notable. La figure d'Henri Lefebvre a ainsi refait surface après une longue période d'oubli et est devenue une sorte de totem des études rythmanalytiques.

À tout seigneur tout honneur, ce livre commence par une étude de la contribution de Lefebvre[1]. Mais, dans les années 1970 et 1980, il n'était pas – et de loin – le seul penseur important à s'intéresser au rythme. En fait, il appartenait à une sorte de « constellation », pour parler comme Barthes, de linguistes, de sociologues, de philosophes, de spécialistes de la littérature et de l'art, qui tous ont fait du rythme un sujet clé.

Tous ceux qui s'intéressent aux sciences humaines et aux études culturelles connaissent la série d'ouvrages structuralistes publiés au milieu des années 1960, notamment par Althusser, Barthes, Foucault et Lacan[2]. On remarque moins souvent la série de travaux, ayant cette fois le rythme comme préoccupation centrale, publiés au cours des années s'étendant entre 1974 et 1985, par Lefebvre, on l'a vu, mais aussi Benveniste, Foucault, Barthes, Serres, Morin, Deleuze, Guattari et Meschonnic[3], à la fois en réaction à l'hégémonie

1. H. Lefebvre, *Le Droit à la ville*, Paris, Anthropos, **1968** ; –, *Production de l'espace*, Paris, Anthropos, **1975** ; –, *Critique de la vie quotidienne*, vol. 3, Paris, L'Arche, **1981**.

2. L. Althusser *et al.*, *Lire le Capital*, Paris, Maspero, **1965** ; L. Althusser, *Pour Marx*, Paris, Maspero, **1965** ; R. Barthes, *Éléments de sémiologie*, Denoël/Gonthier, Paris, **1965** ; –, *Système de la mode*, Éditions du Seuil, Paris, **1967** ; M. Foucault, *Les Mots et les Choses. Une archéologie des sciences humaines*, Paris, Gallimard, **1966** ; J. Lacan, *Les Essais*, Paris, Le Seuil, **1966**.

3. É. Benveniste, *Problèmes de linguistique générale*, vol. 2, Paris, Gallimard, **1974** ; M. Foucault, *Surveiller et Punir. Naissance de la prison*, Paris, Gallimard, **1975** ; R. Barthes, *Comment vivre ensemble. Cours et séminaires au Collège de France* [**1976-1977**], Paris, Éditions du Seuil/Imec, Paris, 2002 ; M. Serres, *La Naissance de la physique dans le texte de Lucrèce*, Paris, Minuit, **1977** ; E. Morin, *La Méthode. La Nature de la nature*, vol. 1, Paris, Le Seuil, **1977** ; H. Meschonnic, *Écrire Hugo. Pour la poétique* IV, 2 vol., Paris, Gallimard, **1977** ; –, *Critique du rythme. Pour une anthropologie historique du langage*, Lagrasse, Verdier, **1982** ; G. Deleuze & F. Guattari, *Mille plateaux. Capitalisme et schizophrénie 2*, Paris, Minuit, **1980** ; G. Deleuze, *L'Image-mouvement*, Paris, Minuit, **1983** ; –, *L'Image-temps*, Paris, Minuit, **1985**.

structuraliste et systémique déclinante et en opposition aux paradigmes néoindividualiste, différentialiste et postmoderne en pleine ascension.

Ce volume est le quatrième volet d'une série qui vise à couvrir toute l'histoire du concept de rythme dans la culture occidentale depuis les premières réflexions grecques sur le sujet. Après avoir suivi les luttes, les succès et pour certains le déclin des trois grands modèles rythmiques de l'Antiquité – le *modèle métrique platonicien*, le *modèle physique démocritéen* et le *modèle poétique aristotélicien* (vol. 1) –, j'ai tenté de reconstituer la réémergence discontinue depuis la Renaissance des deux derniers, totalement ignorés pendant le Moyen Âge et le début de l'ère moderne (vol. 2), et la diffusion spectaculaire du premier au cours du XIXe siècle (vol. 3)[1].

Dans ce quatrième volume, je m'efforcerai de montrer la richesse nouvelle mais aussi la complexité des contributions des années 1970. Celles-ci ont en effet développé une critique puissante et clairement identifiable du paradigme métrique platonicien, et une promotion remarquable, sans être toujours explicite, des paradigmes physique démocritéen et poétique aristotélicien. La rythmanalyse et la rythmologie sont alors passées, en très peu d'années, des premiers essais de Lefebvre et Foucault, s'intéressant principalement aux *rythmes métriques* de la société, de l'individu et du

---

1. La recherche exposée dans le chapitre précédent, concernant la période extrêmement faste, du point de vue des études et pratiques rythmiques, allant des années 1910 aux années 1940, mais aussi la période, pas moins intéressante en réalité, de repli puis d'abandon du rythme au cours des années 1950 et 1960, a visé à commencer à combler un manque flagrant de notre information. Mais, on l'aura compris, il reste encore beaucoup à faire à ce sujet.

temps, à ceux de Benveniste, Meschonnnic et Barthes, mettant en lumière la question entièrement nouvelle des *rhuthmoi* du langage, du sujet et du soi, et enfin à ceux de Serres et Morin, qui introduisaient à leur tour, sur une base comparable, celle des *rhuthmoi* de la nature, des machines et de l'information.

Si la critique éclairante de Lefebvre sur ce qu'il appelle les « rythmes linéaires » qui ont envahi les sociétés modernes, reste elle-même en partie teintée de connotations platoniciennes, celle de Foucault montre désormais toute la puissance de la métrique lorsqu'elle a commencé à être appliquée en Occident aux corps et aux âmes des prisonniers, des étudiants, des soldats et des ouvriers. Benveniste, quant à lui, a déjà révélé au début des années 1950 la portée du concept de *rhuthmos*. Mais à partir de la fin des années 1950 jusqu'au milieu des années 1970, il élabore une théorie du langage totalement nouvelle, mettant en avant son caractère fluide, tout en développant une théorie de la subjectivité non moins innovante, qui s'opposent radicalement, l'une et l'autre, aux principales perspectives linguistiques et philosophiques de l'époque. En s'appuyant sur l'étude de Benveniste sur la notion de rythme, tout en délaissant sa théorie du langage, Barthes suggère alors les contours d'une nouvelle éthique *idiorrythmique*, qui constitue l'une des contributions déterminantes, et pourtant restée longtemps méconnue, de cette époque. Enfin, Serres et Morin travaillent, sur des bases comparables mais en négligeant ou en ignorant Benveniste, à marier les anciennes conceptions démocritéennes et lucrétiennes avec les dernières découvertes de la physique et de la biologie.

Ce panorama ne serait cependant pas complet si l'on oubliait de citer deux contributions extraordinaires, publiées au tout début de la décennie suivante, qui ont en fait été écrites, l'une et l'autre, au cours d'une bonne partie des années 1970 : *Mille plateaux. Capitalisme et schizophrénie 2* de Deleuze & Guattari (1980) et *Critique du rythme. Pour une anthropologie historique du langage* de Meschonnic (1982). Comme ces deux ouvrages sont tous deux énormes (645 et 729 pages respectivement), comme ils cherchent l'un et l'autre à discuter en profondeur rien moins que l'ensemble des connaissances scientifiques accumulées au cours des décennies précédentes, et plus encore, et comme ils affrontent tous deux tous les malentendus et les conflits qui ont grevé la rythmanalyse et la rythmologie depuis les années 1970, je consacrerai les volumes 5 et 6 à leur analyse et à leur confrontation approfondie[1]. Nous pourrons alors mieux comprendre les ressources critiques et théoriques que la constellation rythmique de cette époque a mises à notre disposition, mais aussi ses principales limites.

En effet, si ces travaux innovants avaient interagi, s'étaient rapprochés et avaient finalement alimenté quelques faisceaux lumineux communs, ils auraient pu déclencher un véritable « changement de paradigme » – bien que dans un sens différent de celui de Kuhn qui appartenait à l'ère systémique et structuraliste. Cependant, la « constellation rythmique » est restée immobile,

---

1. Le volume 5 est paru en 2021 mais, faute de temps, je n'ai pas encore pu achever le suivant. On trouvera toutefois une première présentation du travail de Meschonnic dans *Fragments d'inconnu. Pour une histoire du sujet*, Paris, Le Cerf, 2010 et *Problèmes de rythmanalyse*, vol. 2, Paris, Rhuthmos, 2022.

elle n'a pas apporté les changements que l'on aurait pu en attendre et est demeurée, pendant longtemps, presque invisible dans le ciel des idées. Sa conjonction, à peine perceptible, a été rapidement occultée au début des années 1980 par l'émergence de nouvelles étoiles montantes, en particulier le néoindividualisme, le différentialisme et le postmodernisme.

Par conséquent, si nous voulons renouer avec cette période et avec son apport extraordinaire à la rythmanalyse et à la rythmologie, nous devons d'abord explorer ces œuvres en profondeur pour elles-mêmes, mais nous devons également comprendre les raisons de leur incapacité à modifier de manière significative le paysage intellectuel de l'époque.

Pour être honnête, je dois dire que j'ai volontairement laissé de côté une contribution qui concerne notre sujet, celle d'Henri Maldiney (1912-2013). En 1973, Maldiney, qui enseignait, on l'a vu, la psychologie, la philosophie et l'esthétique à l'Université de Lyon, rééditait dans un recueil d'essais un court article intitulé « L'esthétique des rythmes » (1re éd. 1967). Outre le fait qu'il n'a développé pleinement les idées contenues dans cet article que dans les années 1980 et 1990, la principale raison pour laquelle il n'a pas été inclus dans cette enquête est sa distance intellectuelle par rapport à la plupart des membres de la constellation. S'il reprend la réévaluation de la notion de rythme par Benveniste et s'il rejoint ses contemporains dans le rejet du modèle métrique au profit du concept de *rhuthmos*, il applique néanmoins ce dernier à une analyse phénoménologique de l'existence et du sentir humains qui se situe en porte-à-faux avec les préoccupations principales de ses pairs qui, eux, sont issus soit du marxisme, soit de l'histoire des sciences, soit du structuralisme. Alors que tous les membres de la constellation, à l'exception peut-être de Lefebvre, rejettent Husserl, Heidegger, Sartre et Merleau-Ponty, Maldiney perpétue, quant à lui, leur tradition, tout en reprenant des recherches plus anciennes, fondées sur la psychologie, sur le rôle du rythme dans l'esthétique, l'architecture et l'urbanisme que nous avons déjà rencontrées dans le volume 3 de cette série (voir la partie 2 : « La diffusion dans l'esthétique »).

Je voudrais, pour finir, souligner le point suivant. Bien que ma démarche se présente, à première vue, comme une histoire des usages du concept de rythme, elle ne vise en rien une simple reconstruction historique, que ce soit dans le style de l'histoire des sciences ou dans celui de l'histoire des idées. Elle constitue une entreprise philosophique à part entière et cherche, par une lecture attentive de nos prédécesseurs, à rendre possible l'émergence d'une nouvelle perspective scientifique, éthique et politique pour le XXIe siècle.

Comme dans les volumes précédents, j'ai pris grand soin de ne rien affirmer sans m'appuyer sur des preuves tangibles tirées directement des textes. C'est pourquoi, j'ai fourni au lecteur de longues citations qui peuvent lui donner la possibilité de vérifier ce que j'affirme et même d'arriver éventuellement à des conclusions différentes des miennes. Je sais que le volume de cette étude s'en est accru sensiblement mais je pense que cela en valait la peine, non seulement parce que celle-ci constitue désormais une bonne « base de données » sur le sujet, mais aussi parce que cette méthode a permis une élaboration minutieuse et prudente de mes interprétations. Il va sans dire que j'ai voulu par là également m'opposer à la tendance actuelle de n'écrire, de ne lire et de ne discuter que des articles et des essais souvent très courts, ou pour le dire autrement, lutter contre cette pression temporelle pernicieuse qui imprègne la vie scientifique depuis déjà au moins deux décennies.

Cependant, si l'on manque de temps pour lire cet ouvrage dans son intégralité, il est facile de sauter les citations et de le parcourir ainsi plus rapidement. De fait, en choisissant son propre *rhuthmos* de lecture, chacun s'attaquera directement et de manière très pratique à l'une des questions les plus importantes abordées dans ce livre : selon les propres termes de Barthes, la possibilité de développer une « idiorrythmie », ou, pour reprendre une formulation woolfienne, *un rythme à soi*. [Fin de l'avant-propos]

L'apparition d'une constellation antimétrique

[Début de la conclusion] 1. À contre-courant de la vision commune qui décrit un glissement soudain dans les années 1970 des sciences sociales et des études culturelles, du systématisme et du structuralisme vers le néoindividualisme, le poststructuralisme et le postmodernisme, l'enquête a révélé l'apparition dans le firmament intellectuel français, pendant une période de temps assez brève, d'une constellation de penseurs, directement ou indirectement, intéressés par le rythme.

1.1 À la fin des trois décennies qui ont suivi la Seconde Guerre mondiale, qui avaient été dominées par des paradigmes holistes, et juste avant l'émergence de nouveaux modèles plus adaptés au monde néolibéral émergent, il y a eu une sorte de conjonction imperceptible d'étoiles soulignant la nécessité d'une approche alternative des sciences, des arts et de la philosophie. Construire une telle alternative était une préoccupation commune à la plupart des penseurs importants de l'époque. Lefebvre, Foucault, Benveniste, Barthes, Serres, Morin, Deleuze, Guattari et Meschonnic, tous luttaient contre le vieux monde systémique et structurel mais aussi cherchaient à établir une nouvelle perspective qui éviterait les écueils de la simple inversion des paradigmes antérieurs en une critique purement individualiste, les insuffisances de leur seule déconstruction, et les limites éthiques et politiques de leur prétendue dissolution dans un éclectisme ironique.

1.2 Or, notre analyse a montré que malgré des différences notables, ces penseurs partageaient – même Lefebvre, qui était certainement le moins cohérent sur cette question mais qui appartenait à la génération précédente – une perspective antimétrique commune. La même *hostilité au mètre* motivait l'opposition de ce dernier à l'invasion de la vie quotidienne par les « rythmes linéaires », la critique développée par Foucault de la domestication des individus par les métriques du pouvoir, celle de la réduction du flux du langage à une succession de signes discrets par Benveniste et Meschonnic, et celle de la suppression des modes de vie idiorrythmiques et du contrôle des corps et des âmes par des règles monastiques et industrielles mises en évidence par Barthes. Mais on retrouve la même hostilité anti-métrique dans la critique par Serres du discrédit jeté sur la physique et les mathématiques anciennes fondées sur les flux, les déviations, les tourbillons et le calcul infinitésimal, au profit de la géométrie euclidienne et de l'arithmétique rationnelle, comme dans la promotion par Morin d'une nouvelle conception de la science incluant les notions de désordre, de boucle, de générativité et d'émergence, en lieu et place de la conception déterministe classique fondée sur l'ordre, la loi, la régularité et la réversibilité.

1.3 Nous avons vu que cet esprit antimétrique s'est alors répandu dans de nombreuses disciplines. Tout en pénétrant les sciences sociales et la philosophie politique, il a gagné la théorie du langage et les études culturelles, puis les sciences naturelles et la théorie de la technique. La rythmanalyse, qui, avec Lefebvre et Foucault, s'intéressait surtout, pour ainsi dire, à la « métrisation » de la société, de l'individu et du temps, s'est transformée, avec Benveniste, Barthes et Meschonnic, en une théorie et une étude des modes d'écoulement du langage, de la subjectivité et du moi, et enfin, avec Serres et Morin, en une vaste théorie et description des modes d'écoulement de la nature, des machines, de l'information et de la société.

Le tournant *rhuthmologique*

2. Nous avons aussi remarqué que cette extension s'est accompagnée d'une transformation remarquable des outils théoriques utilisés dans ces approches. On y assiste à un net glissement, que l'on peut légitimement qualifier de « tournant *rhuthmologique* », des études principalement centrées sur le *mètre* (Lefebvre, Foucault) vers des études fondées sur un concept beaucoup plus large impliquant, explicitement ou implicitement,

une perspective *rhuthmique* (Benveniste, Meschonnic, Barthes, Serres, Morin).

2.1. La découverte du concept de *rhuthmos* revient à Benveniste, qui le premier le différencie clairement du *métron*, mais c'est à Meschonnic et à Barthes que l'on doit ses premières utilisations en dehors de son contexte philologique d'origine, dans leurs réflexions poétiques, anthropologico-historiques, éthiques et politiques.

2.2. La même année, Serres fait explicitement référence à la contribution de Benveniste et l'utilise abondamment dans sa description de la physique antique, tout en critiquant, de manière assez peu cohérente on peut le noter, la pertinence des conclusions de son enquête. Morin, quant à lui, ne mentionne pas explicitement le concept de *rhuthmos*, mais toute son entreprise s'inscrit dans la tendance *rhuthmique* qui réapparaît dans ces années-là.

2.3. En conséquence, tandis que Lefebvre, Foucault et Barthes posent les toutes premières bases d'une critique *rhuthmanalytique* incisive de la vie quotidienne moderne et des sociétés démocratiques, une perspective *rhuthmologique* assez substantielle commence à se former, comprenant rien moins qu'une ontologie *rhuthmique* (Serres et Morin), une doctrine *rhuthmique* du temps et du devenir (Foucault, Benveniste, Serres et Morin), une théorie *rhuthmique* de la connaissance (Serres et Morin), une conception *rhuthmique* de la nature et de son évolution (Serres et Morin), une théorie *rhuthmique* de l'individuation et du soi (Barthes, Serres et Morin), une théorie *rhuthmique* de la subjectivité humaine (Benveniste et Meschonnic), une théorie *rhuthmique* de l'information et du langage (Morin, Benveniste et Meschonnic), et, enfin et surtout, quelques éléments d'une éthique et d'une politique *rhuthmiques*. (Benveniste, Barthes, Meschonnic et Morin).

2.4. Sur la base de ces premières conclusions, on peut dire sans risque de se tromper que les années 1970 ont vu l'émergence d'une nouvelle perspective scientifique et philosophique qui visait à dépasser les limites des paradigmes systémique et structuraliste, tout en prévenant, par avance, les principales faiblesses de ceux qui allaient émerger au cours de la décennie suivante. Du point de vue rythmologique, cette perspective rompait résolument avec le paradigme *métrique* platonicien, dont la diffusion à la fin du XIXe et au début du XXe siècle avait été si impressionnante (vol. 3), et renouait remarquablement avec les paradigmes *rhuthmiques* démocritéen et aristotélicien (vol. 1 et 2).

L'évanouissement de la constellation antimétrique

3. L'originalité de ces toutes premières critiques *rhuthmanalytiques* et propositions *rhuthmologiques*, la force et la rapidité de leur expansion, la sophistication de leur élaboration conceptuelle auraient dû aboutir à la mise en place d'un paradigme scientifique et philosophique entièrement nouveau. Or, nous savons qu'il n'en a pas été ainsi.

3.1 Dans sa plus grande extension, ce mouvement a couvert une période qui a commencé en 1966, avec la réédition de l'essai de Benveniste sur la notion de rythme. Il a ensuite pris de l'ampleur au milieu des années 1970, surtout en 1977, avec les contributions majeures de Barthes, Serres, Morin, pour finalement atteindre une sorte de point culminant avec la publication en 1980 de *Mille plateaux* de Deleuze & Guattari et en 1982 de la *Critique du rythme* de Meschonnic.

3.2 Or, dès le début des années 1980, la constellation rythmique a disparu du ciel aussi vite qu'elle y était apparue. Quelques travaux utilisant le concept de rythme et même parfois le développant plus avant ont encore été publiés dans les années 1980 et 1990 par Deleuze, Meschonnic ou Lefebvre, mais le rythme n'est pas devenu un concept porteur partagé par un grand nombre de scientifiques et de penseurs[1]. La conjonction céleste des étoiles ne s'est pas transformée en un réseau intellectuel concret et efficace. À défaut, l'individu, la différence et l'éclectisme, qui s'opposaient apparemment les uns aux autres mais étaient en fait largement interdépendants, ont occupé l'espace laissé libre.

Les faiblesses de la constellation antimétrique

4. Si nous voulons reprendre aujourd'hui ces contributions à notre compte et les adapter à notre monde, nous devons comprendre les principales raisons pour lesquelles, malgré les succès qu'elles ont pu

1. Meschonnic est le seul en réalité, avec peut-être, d'une manière plus souterraine, Lefebvre, à avoir travaillé la question de manière explicite et sans discontinuer des années 1970 aux années 2000. Voir parmi beaucoup d'autres, H. Meschonnic, *Pour la poétique, I-V* Paris, Gallimard, 1970-78 ; –, *Critique du rythme. Anthropologie historique du langage*, Lagrasse, Verdier, 1982 ; –, *Le Rythme. Colloque d'Albi*, Université Toulouse Le Mirail, 1983 ; –, *Politique du rythme. Politique du sujet*, Lagrasse, Verdier, 1995 ; G. Dessons & H. Meschonnic, *Traité du rythme. Des vers et des proses*, Paris, Dunod, 1998.

rencontrer individuellement, elles n'ont pas réussi à changer collectivement le paysage intellectuel de leur temps et à s'opposer efficacement aux autres paradigmes qui ont fini par prévaloir.

4.1 La plus évidente d'entre elles est certainement l'absence de confrontation ou de débat entre les différents membres de la constellation rythmique. De manière assez surprenante, dans la mesure où ils appartenaient au même milieu intellectuel parisien et à la même génération[1], où ils travaillaient parfois dans les mêmes institutions universitaires, où ils se connaissaient souvent personnellement, et où ils partageaient les mêmes orientations politiques et la même sympathie pour le mouvement de 1968, le rythme n'a jamais été chez ces penseurs une question thématisée et discutée pour elle-même. Ce paradoxe s'explique assez bien lorsqu'on lui applique, à la manière wébérienne, une analyse des motifs de l'action. Du fait du caractère fortement individualiste des stratégies propres à ces universitaires, très peu de ceux qui ont abordé la question rythmique ont cherché à reconnaître et discuter chez leurs contemporains des tentatives proches des leurs, reconnaissance et discussion qui auraient pu transformer assez vite cette question en un paradigme scientifique comparable à ceux qui avaient prévalu au cours de la période précédente ou à ceux qui allaient le faire dans les décennies suivantes.

4.2 Une autre raison apparaît en négatif à travers la liste des réussites remarquables dressée précédemment au paragraphe 2.3. Cette liste constitue *a poste-*

---

1. Barthes était né en 1915, Morin en 1921, Deleuze en 1925, Foucault en 1926, Guattari et Serres en 1930 et Meschonnic en 1932.

riori une série impressionnante, mais sa simple énumération montre aussi que chacune de ces avancées s'est développée séparément, sans interactions avec les autres, et parfois même dans l'ignorance complète des entreprises parallèles existantes, selon des lignes disciplinaires qui dépassaient largement les stratégies individuelles de chacun. Ici, on peut faire valoir un autre type d'analyse, cette fois à la manière holiste durkeimienne, orientée vers le contexte social et culturel. La spécialisation exigée par les normes académiques modernes a, en effet, fortement grevé la communication entre les diverses disciplines impliquées dans la constellation rythmique. À cela s'est ajoutée l'espèce de rideau de fer qui séparait – et sépare toujours – presque hermétiquement les études sociales, linguistiques, artistiques et culturelles, d'une part, et les sciences de la nature et les mathématiques, de l'autre. Même les penseurs qui, tels Serres, Morin, Deleuze ou Guattari, ont osé abattre le mur et traverser le *no man's land* entre les deux blocs, ont eu beaucoup de mal à atteindre l'autre côté, et leurs efforts n'ont pas été reconnus comme ils auraient dû l'être.

4.3 Il faut enfin prendre en compte les divisions et les faiblesses théoriques de la constellation antimétrique elle-même. On se référera cette fois, d'une manière plus philosophique, aux diverses manières de donner sens au monde et aux êtres humains qui le peuplent. De ce point de vue, on a vu que la constellation rythmique s'est clairement et immédiatement divisée en deux groupes opposés : l'un, naturaliste et démocritéen, comprenant Serres, Morin, Deleuze et Guattari ; l'autre, anthropologique et aristotélicien, incluant Barthes, Benveniste et Meschonnic ; Lefebvre et Foucault répartissant leurs approches, à des distances variables, entre ces deux regroupements. À cela, il faut ajouter que le second de ces groupes a été rapidement marginalisé et finalement éliminé de la culture théorique commune et des débats des décennies suivantes.

4.4. Ces trois facteurs expliquent que la rythmanalyse comme la rythmologie soient restées à cette époque totalement fragmentées et qu'elles n'aient pas pu émerger comme des perspectives communes. À l'absence de débat liée aux stratégies individuelles de chacun, à la spécialisation étroite et à la guerre froide scientifique liées au fonctionnement global de la communauté universitaire, il faut donc ajouter une division interne portant sur les fondements mêmes de l'analyse scientifique et philosophique. Ce qui était en jeu, dans ce dernier conflit, n'était rien de moins que la place du langage et de l'anthropologie par rapport à la physique, à la biologie et aux sciences naturelles – et vice versa.

4.5. Aujourd'hui, on voit tout le chemin qu'il nous reste à parcourir. Les stratégies personnelles affines à l'individualisme dominant, la spécialisation académique imposée par les institutions, et le conflit des manières d'interpréter constituent chacun un défi majeur, de natures très différentes les unes des autres mais de difficultés à peu près équivalentes. Leur persistance à cinquante ans de distance montre toute leur puissance et nous devons être conscients des difficultés qui sont devant nous.

4.5.1. Concernant le premier problème, il serait irréaliste de penser que nous pourrions, par notre seule bonne volonté, surmonter un trait aussi puissant de notre forme de vie, mais nous pouvons malgré tout tenter d'y remédier par une ouverture renforcée des chercheurs appuyée sur les moyens de communication dont nous disposons aujourd'hui et la constitution de réseaux horizontaux à la fois plus collectifs et plus mobiles.

4.5.2. Concernant le deuxième problème, le constat est là aussi assez sombre. Les institutions académiques actuelles opposent une telle résistance à toute innovation et à toute remise en question de leur fonctionnement nécrosé, qu'il peut sembler chimérique de croire que nous pourrions véritablement les transformer. Pourtant, il a existé dans le passé des expériences de décloisonnement – en France à l'EHESS ou à l'Université Paris 8 – qui, en dépit de leur régression ou de leur affaissement ultérieurs, montrent qu'une telle dynamique est toujours possible. C'est pourquoi, la résistance actuelle des institutions académiques ne doit pas nous empêcher de les mettre devant leurs propres insuffisances et de leur opposer, chaque fois qu'il est possible, des croisements transdisciplinaires internes aux sciences de l'homme et de la société, voire des mises en communication de ces dernières et des sciences de la nature.

4.5.3. Le dernier problème relève d'une difficulté encore différente mais pas moins grande que les précédentes. Il s'agit cette fois de redonner la place qu'elle mérite à la partie de la constellation rythmique qui a été marginalisée puis éliminée de l'espace de la discussion. Dans ce cas, la résistance ne vient plus des modes de vie, ni des institutions académiques mais bien d'une division initiale et d'une contre-culture qui est devenue à son tour dominante et aveugle à ce qui pourrait la remettre en question.

La mise à l'écart de la linguistique et de la poétique

5. Je ne dirais pas, comme Deleuze et Guattari, que nous avons affaire à ce propos à un cas où la « science nomade » aurait été « ''barrée'', inhibée ou interdite par les exigences et les conditions de la science d'État » (1980, p. 448), ces catégories étant un peu binaires, mais la linguistique de Benveniste et la poétique de Meschonnic ont certainement été victimes d'une mise à l'écart rapide qui a conduit à leur quasi-absence dans les savoirs dominants actuels.

5.1 J'aborderai la question du sort particulier de la poétique dans un autre volume ; concentrons-nous pour l'instant sur l'effacement de la linguistique. Nous avons déjà noté ce problème chez les membres de la constellation rythmique. Si Barthes et Meschonnic ont pleinement reconnu l'importance de la contribution de Benveniste, d'autres comme Lefebvre, Foucault ou Morin l'ont tout simplement ignoré, d'autres comme Serres s'en sont moqués, d'autres encore, comme Deleuze et Guattari, l'ont gravement sous-estimé et ont paradoxalement beaucoup contribué à sa transmu-tation en science « ''barrée'', inhibée ou interdite » (voir vol. 5).

5.2 Si l'on considère maintenant l'ensemble du tableau, on constate que, malgré un bref et surprenant moment de gloire en 1968[1], Benveniste est resté un célèbre inconnu. De fait, en raison de son ancien statut de discipline reine des sciences humaines, la linguis-

---

1. Y. Malkiel, « Lexis and Grammar – Necrological Essay on Émile Benveniste (1902-76) », *Romance Philology*, vol. 34, n° 2, 1980, pp. 160-194.

tique est devenue au cours des années 1970 un objet de méfiance et a été depuis lors critiquée comme « impérialiste ». Même si sa propre linguistique ne se fondait plus sur le concept de structure, Benveniste lui-même a été handicapé par sa prétendue association avec le structuralisme. De plus, en 1969, il a été victime d'un accident vasculaire cérébral qui l'a empêché de défendre et de développer les deux recueils d'essais de linguistique générale qu'il a publiés en 1966 et 1974, et il est finalement décédé en 1976. De leur côté, ceux qui, dans la constellation rythmique, connaissaient son travail et auraient pu contribuer à sa meilleure reconnaissance, en ont été empêchés pour diverses raisons. Barthes est mort accidentellement en 1980 et sa première conférence au Collège de France n'a été publiée qu'en 2002. Meschonnic, quant à lui, était une sorte d'ermite, travaillant dans l'isolement, entretenant peu de relations avec ses pairs et peu soucieux de transmettre son savoir aux jeunes générations. Résultat de cette série de regrettables malentendus et d'événements malheureux, à la différence de Foucault, Barthes, Serres, Morin, Deleuze & Guattari, qui ont rapidement acquis une renommée internationale, Benveniste est resté confiné à la linguistique, même en France, et très peu de ses livres ont finalement été traduits en langues étrangères.

5.3 Lorsqu'il a été lu en dehors de son domaine d'origine, ce qui n'était pas si fréquent, le type d'anthropologie radicalement historique qu'il proposait a été reçu soit comme une simple version linguistique d'une vision du monde culturaliste (il a été alors assimilé à Lévi-Strauss), soit comme une forme linguistique de phénoménologie de la subjectivité (il a été alors assimilé à Merleau-Ponty), soit, dans les pires interprétations, comme une nouvelle forme d'anthro-pologie essentialiste (il a été alors assimilé au penseur personnaliste Emmanuel Mounier (1905-1950)). Cependant, si nous faisons l'effort de lire Benveniste de son propre point de vue, au lieu de projeter sur lui des interprétations extérieures, quelque chose de très différent et de très original émerge, quelque chose qui est certainement l'une des contributions les plus significatives à la *rhuthmologie* de cette période.

La linguistique *rhuthmique* de Benveniste

6. Dans ses essais de linguistique générale, Benveniste propose bien plus qu'un simple point de vue technique sur la langue. Il y expose en effet une vision très large de l'homme et du monde qui repose, comme celles de ses contemporains, sur des prémisses *rhuthmiques*, mais qui a sur celles-ci deux avantages : d'une part, elle est motivée par une connaissance de première main du concept de *rhuthmos* et, d'autre part, elle n'est pas limitée par des présupposés naturalistes ou culturalistes.

6.1 Tout en rejoignant Lévi-Strauss dans sa vision de la culture et du symbolisme comme l'environnement spécifique de l'humanité, qui la distingue de l'environnement physique et biologique, ainsi que des forces dites purement sociales et historiques, et rendant ainsi caduque toute forme de perspective naturaliste ou hyperpragmatique, Benveniste ne considère pas la culture et le symbolisme comme complètement autonomes et les fait au contraire dépendre du langage. En fait, même s'ils semblent tous également déterminants, l'activité linguistique précède toujours la culture et le symbolisme.

6.2 Cependant, il ne conçoit pas le langage lui-même, à l'instar de Gadamer, comme un recueil et un transmetteur de significations données soumettant les locuteurs, nécessairement aliénés, à un ordre fluant supérieur et anonyme, *die Überlieferung* – la Tradition, ou à l'instar de Derrida, comme une structure sémiotique différentielle leur imposant une polysémie et un déplacement constant du sens, détruisant, par là même, toute possibilité de subjectivation. Au contraire, pour Benveniste, l'activité langagière, qui soutient le pouvoir sémantique du langage, propulse l'invention constante de l'humanité par elle-même à travers le développement de ses langues, de ses cultures, de ses religions, de ses sociétés, de ses individus, mais aussi à travers les subjectivités auxquelles elle permet de surgir, de se développer et de circuler.

6.3 Il faut ici préciser deux points. D'abord, cela ne signifie pas que le langage serait soutenu par une subjectivité substantielle, qui serait le corrélat linguistique de l'âme, ni même par une subjectivité phénoménologique fondée sur le corps et ses sensations, qui existerait avant et indépendamment d'elle. Encore une fois, l'activité langagière vient en premier et la subjectivité, qui dépend directement des *rhuthmoi* du langage, est donc discontinue, mobile parmi les interlocuteurs et disponible en permanence pour tout autre être humain.

6.4 Deuxièmement, cette possibilité de subjectivation n'implique pas non plus qu'elle garantirait, plus ou moins automatiquement, un certain progrès vers plus de liberté et plus d'humanité. L'anthropologie *radicalement historique* proposée par Benveniste ne se réduit à aucune des formes néodialectiques ou néo-herméneutiques de l'anthropologie historique prônées par Lefebvre, Habermas ou Ricœur. De manière quelque peu cryptique, Benveniste conclut : « Unique est la condition de l'homme dans le langage. » (*Problèmes de linguistique générale*, 1966, p. 260) Je propose de comprendre cette affirmation comme la thèse selon laquelle : « *Rhuthmique* est la condition de l'homme dans le langage, c'est-à-dire radicalement historique. »

Effacement et ressources de la voie ouverte par Benveniste

7. On comprend mieux maintenant les difficultés résultant des interprétations erronées développées à l'époque et de l'effacement ultérieur de l'apport de Benveniste, mais aussi les ressources que l'on peut y trouver, si l'on parvient à lui restituer son élan théorique originel.

7.1 En premier lieu, Benveniste nous donne les moyens de nous débarrasser définitivement du paradigme métrique platonicien, qui continue pour l'instant à entraver les efforts de la rythmanalyse comme de la rythmologie. Sans sa découverte du concept de *rhuthmos*, il était – et il est toujours – très difficile de donner un sens au tournant *rhuthmologique* des années 1970. La nécessité de dépasser le paradigme métrique était clairement ressentie, à l'exception ambiguë de Lefebvre, par tous les membres de la constellation rythmique, mais la plupart d'entre eux manquaient d'une perspective alternative qui puisse les aider à soutenir leur affirmation. En ce qui nous concerne, il nous faut donc éviter de répéter la même erreur et développer une stratégie pleinement *rhuthmique*.

7.2 En second lieu, si Benveniste n'aborde pas les questions de l'art et de la poétique, qui, comme nous le verrons dans le prochain volume, sont les clés de toute politique et de toute éthique *rhuthmiques*, il nous donne déjà les moyens de surmonter certains problèmes plus profonds qui ont entravé la constellation rythmique des années 1970, sans tomber dans les pièges des paradigmes qui ont fleuri dans les décennies suivantes. En effet, en s'ouvrant à une anthropologie radicalement historique, sa théorie *rhuthmique* du langage permet de s'opposer à la fois au mélange de naturalisme et d'hyperpragmatisme prôné par de nombreux penseurs du côté démocritéen de la constellation, et au pur culturalisme prôné par les penseurs poststructuralistes et postmodernes ultérieurs. Bien qu'elle passe encore à côté d'aspects importants de la vie de l'homme, elle constitue donc une ressource théorique parfaitement adaptée à nos besoins actuels.

7.3 En attendant une analyse plus approfondie de ces aspects manquants, si nous parvenions à développer et à articuler ces deux prémisses, une base solide serait déjà établie qui pourrait aider tant la *rhuthmologie* que la *rhuthmanalyse* à renforcer leur dynamique actuelle, à élargir le champ de leurs interventions et peut-être, cette fois, à trouver la place qu'elles méritent dans notre vie intellectuelle[1].

---

1. Sur Benveniste, P. Michon, *Fragments d'inconnu. Pour une histoire du sujet*, Paris, Le Cerf, 2010, chap. 6.

4.

Le retour du rythme et ses problèmes
1980-2020

Considérations conclusives

Dans le volume 4 des *Elements of Rhythmology*, nous avons vu comment, à partir du milieu des années 1970, alors que la passion des deux générations précédentes pour le rythme venait juste de s'éteindre, une nouvelle constellation de penseurs est apparue dans le ciel des idées, où elle a fait briller ses feux pendant une petite dizaine d'années. Qu'ils citent explicitement la notion de rythme dans leur réflexion ou non, ces penseurs se rassemblaient dans un rejet partagé du modèle *métrique* et un bon nombre d'entre eux esquissaient déjà de substantielles approches *rhuthmiques*.

Nous avons vu également que cette constellation toutefois n'a pas réussi à imposer, dans la vie scientifique, philosophique et artistique, un nouveau paradigme, au sens de perspective et d'outil théoriques, qui aurait pu prendre la place des paradigmes systémique et structuraliste qui venaient de s'effondrer, mais aussi s'opposer au triomphe qui s'annonçait des paradigmes néoindividualiste, déconstructionniste et postmoderne.

Cet échec, dont on a analysé en détail les raisons conjoncturelles et structurelles, explique que les derniers penseurs de la constellation des années 1970 qui s'y intéressaient encore, comme Lefebvre, Garelli ou Meschonnic, aient été, pendant les deux dernières décennies du XXe siècle, complètement marginalisés[1].

Dans ce dernier chapitre, je voudrais examiner comment le foisonnement extraordinaire des usages pratiques et théoriques du rythme que nous connaissons aujourd'hui a pu se réenclencher, s'épanouir et atteindre son aspect actuel, en dépit de ces conditions initiales très défavorables. Pour le dire autrement, il s'agira de comprendre comment et pourquoi le rythme a réémergé après son retrait historique des années 1950-1960, malgré l'échec de la constitution d'un nouveau paradigme rythmique alternatif dans les années 1970, et en dépit de la domination de la vie culturelle, scientifique et même philosophique au cours des années 1980-1990 par les paradigmes néoindividualiste, déconstructionniste et postmoderne. De cette histoire, on peut espérer tirer quelques enseignements sur les tâches qui nous incombent aujourd'hui.

Tout semble avoir débuté dans les années 1980 par un retour pour ainsi dire encore sous-terrain de l'intérêt pour le rythme en sociologie, puis au cours des années 1990 en philosophie et dans les études littéraires, avant d'émerger enfin à l'air libre au cours des années 2000 et de se répandre dans des disciplines

---

1. J. Garelli, *Rythmes et mondes. Au revers de l'identité et de l'altérité*, Grenoble, Jérôme Millon, **1991** ; H. Lefebvre, *Éléments de rythmanalyse. Introduction à la connaissance des rythmes*, Paris, Syllepse, **1992** ; H. Meschonnic, *Politique du rythme. Politique du sujet*, Lagrasse, Verdier, **1995** ; –, *Traité du rythme, des vers et des proses* (avec G. Dessons), Paris, Dunod, **1998** ; –, *Le Rythme et la lumière avec Pierre Soulages*, Paris, Odile Jacob, **2000**.

toujours plus nombreuses au cours de la décennie suivante[1].

Le retour du rythme – un essai bibliographique – 1980-2020

1. En sociologie, on observe tout d'abord une très modeste renaissance de l'intérêt pour le rythme, chez un certain nombre d'auteurs, nés après la Seconde Guerre mondiale et sensibles aux changements rapides qui sont en train de s'enclencher.

1.1. En 1993, Roger Sue dressait ce bilan tout à fait éclairant.

> Depuis quelques années, la redécouverte du temps comme objet possible de l'analyse sociologique s'explique par de nombreux facteurs : le sentiment d'accélération du temps, d'un malaise ou d'une « pression temporelle » croissante, le sentiment de vivre une grande mutation dans le temps (ex. : les temps « postmodernes »), le sentiment de perte d'un sens historique qui caractérisait la modernité et qui donnait une signification au temps, sa finalité. Autrement dit, le temps, en devenant une préoccupation sociale fondamentale, redevient un objet sociologique.[2]

Or, faisait remarquer Sue, ces auteurs reprennent généralement le point de vue élaboré au cours du premier

---

1. Une bonne part des références qui vont être données dans ce chapitre, comme celles indiquées dans la bibliographie complémentaire à celle de Ruckmich présentée plus haut, peuvent être lues sur le site *www.rhuthmos.eu*, même si aucun lien n'y est explicitement indiqué.

2. R. Sue, « La sociologie des temps sociaux : une voie de recherche en éducation », *Revue française de pédagogie*, **1993**, n° 104, pp. 61-72, ici p. 61.

XXe siècle, en particulier par Durkheim, Halbwachs, Merton et Sorokin, sur l'aspect social de « la catégorie de temps » et donc sur sa fonction de coordination, d'articulation et de rythmisation des activités sociales.

Du coup, on redécouvre les quelques textes fondateurs qui sont les classiques de la sociologie du temps, aussi bien dans l'école durkheimienne, [que ?] chez G. Gurvitch, R. Merton, P. Sorokin, H. Mead et quelques autres. […] De ce double rejet préalable [celui du temps newtonien objectif, « quantitatif, homogène et continu, extérieur aux êtres et aux choses », et celui du temps bergsonien psychologique qui ne serait « qu'une invention de la conscience individuelle »] résulte une position commune aux sociologues : le temps est une construction sociale qui est le produit de la diversité des activités sociales qu'il permet de coordonner, d'articuler, de rythmer. Même le temps mathématique et mécanique ou le temps psychologique ne prennent un sens que rapportés à un contexte social particulier. (*loc. cit.*, p. 62)

1.2. Dans ces travaux le concept de rythme n'est pas problématisé. Il est pris généralement, dans son sens métrique, comme un simple outil qui sert à décrire le temps, soit comme une « catégorie générale de la pensée » propre à toute une société au sens kantien sociologisé propre à Durkheim, soit comme une forme de « sensibilité » ou de « sentiment » plus intérieure, soit encore, comme chez Sue lui-même, comme « les grandes alternances qui scandent la vie sociale au quotidien, sorte de tempo social » qui constituent la « respiration de la société ».

Ces pratiques dans nos sociétés concernent les grands rythmes collectifs, les grandes alternances qui scandent la vie sociale au quotidien, sorte de tempo social, et qui constituent, selon l'heureuse expression d'Henri Hubert, « la respiration de la société ». […] Il est clair que les temps sociaux révèlent un élément essentiel de la structure sociale et de son mouvement. (*loc. cit.*, p. 63)

1.3. Dans les années 1980, il s'agit donc encore essentiellement de rendre compte de la « fabrication sociale » du temps, de l'accentuation de la « standardisation » du flux de la vie dans les sociétés modernes et des troubles qu'elle engendre[1]. Toutefois, au cours de la décennie suivante, on commence à s'intéresser, comme le faisait remarquer Roger Sue, au « sentiment d'accélération » ou de « ''pression temporelle'' croissante » ressenti intérieurement par les individus, comme à celui inverse de « temps suspendu » propre à

---

1. E. Zerubavel, *Patterns of Time in Hospital Life: A Sociological Perspective*, Chicago, Univ. of Chicago Press, **1979** ; –, *Hidden Rhythms: Schedules and Calendars in Social Life*, Chicago, Univ. of Chicago Press, **1981** ; –, « The Standardization of Time: A Socio-historical Perspective », *American Journal of Sociology*, **1982**, n° 88, pp. 1-23 ; C. Baudelot *et al.*, « Suicide et rythmes sociaux », *Économie et statistique*, n° 168, **1984**, pp. 71-76 ; E. Zerubavel, *The Seven Day Circle : The History and Meaning of the Week*, Chicago-London, The Univ. of Chicago Press, **1985** ; N. Elias, *Über die Zeit*, Frankfurt, Suhrkamp, **1987**, trad. fr. *Du Temps*, Paris, Fayard, 1997 ; A. Langevin, « Rythmes sociaux et réinterprétation individuelle dans le parcours d'une vie », *Annales de Vaucresson*, **1987**, n° 26 ; M. Young, *The Metronomic Society*, London, Thames & Hudson, **1988** ; M. Young and T. Schuller (eds), *Rhythms of Society*, London-New York, Routledge, **1988** ; J. P. Robinson, V. G. Andreyenkov, V. D. Patrushev, *The Rhythm Of Everyday Life. How Soviet and American Citizens Use Time* **[1989]**, London & New York, Routledge, 2021 ; S. Dayan-Herzbrun, « Rythmes sociaux dans la vie quotidienne », *Temporalistes*, n° 15, octobre **1990**, pp. 9-12 ; F. Maiello, *Histoire du calendrier. De la liturgie à l'agenda* **[1993]**, Paris, Le Seuil, 1996 ; M. Lalonde, *La reconnaissance du temps. Des sociétés archaïques à la société moderne*, Montréal-Paris, Robert Davies, **1996**.

certains groupes sociaux comme les prisonniers ou les personnes âgées, mais aussi à celui, engageant un « sens » plus général et orienté vers l'extérieur, de « mutation » du monde, de « passage d'une ère à une autre », de « perte d'un sens historique qui caractérisait la modernité » et qui « donnait au temps sa finalité ».[1]

1.4. Aucune étude n'a encore été menée sur ce second corpus sociologique mais on ne serait pas étonné si le paradigme métrique dominant y cédait un peu de place à des définitions *rhuthmiques* ou à des usages compatibles avec ces nouvelles formes[2], tout en dérivant parfois vers des définitions plus proches des

---

1. S. Tabboni, *La rappresentazione sociale del tempo*, Milano, FrancoAngeli, **1991** ; C. Leccardi, *Orizzonti del tempo. Esperienza et mutamento sociale*, Milano, FrancoAngeli, **1991** ; R. Sue, *Temps et Ordre social. Sociologie des temps sociaux*, Paris, PUF, **1994** ; A. Melucci, « Individualisation et globalisation », *Cahiers de recherche sociologique*, n° 24, **1995**, pp. 184-206 ; P. Virilio, *La Vitesse de libération*. Paris, Galilée, **1995** ; M. I. Cunha, « Le temps suspendu – Rythmes et durées dans une prison portugaise », *Terrain. Revue d'ethnologie de l'Europe*, n° 29, **1997**, pp. 59-68 ; A. Melucci, « Rythmes internes et rythmes sociaux dans un monde planétaire », *Nouvelles pratiques sociales*, vol. 10, n° 2, **1997**, pp. 195-202 ; A. Lasén, « Rythmes sociaux et arythmie de la modernité », *Política y Sociedad*, n° 25, **1997**, pp. 185-203 – ver. fr. https://www.rhuthmos. eu/spip.php?article892 ; R. Carpentier et R. Clignet, *Du temps pour les sciences sociales. La durée, l'ordre et le rythme*, Paris, L'Harmattan, **1998** ; M. Garhammer, « Time Pressure in Modern Germany », J. Zuzanek & A. J. Veal (Hrsg.) , *Time-pressure, Stress, Leisure Participation and Well-being: Leisure and life-style connections*, Special Issue of Society & Leisure, vol. 21, n° 2, **1998** ; L. Baier, *Pas le temps. Traité sur l'accélération* **[2000]**, Paris, Actes Sud, 2002 – On peut aussi noter la fondation en **1990** de la revue *Time & Society*, Londres.

2. On voit, par exemple, apparaître un intérêt non explicité pour les manières de fluer chez Roger Sue lui-même, qui cherche à décrire la « structure en constante évolution » de « temps sociaux » qui sont par ailleurs « interdépendants » (*loc. cit*, p. 64).

traditions vitaliste et néonietzschéenne diversement illustrées par Klages et Bataille.[1] Ce travail reste à faire.

2. Au cours de la même période, quelques rares philosophes appartenant, eux aussi, à la nouvelle génération née après la Seconde Guerre mondiale, là encore inspirés par les penseurs de l'entre-deux-guerres, en particulier Bachelard, Husserl mais aussi Granet, ont de nouveau pris le rythme pour objet de réflexion. De nouveau, nous manquons à ce sujet d'études précises mais on distingue déjà au moins deux tendances distinctes.

2.1 Les travaux qui se situent à l'intérieur de la tradition occidentale définissent principalement le rythme comme une catégorie phénoménologique et esthétique organisant « l'expérience ». Certains tentent, sans y parvenir complètement à mon sens, de s'émanciper du modèle métrique, en définissant par exemple le rythme comme l'association d'au moins deux des trois principes suivants : la « structure » ou module de base, la « périodicité » et le « mouvement »[2].

1. M. Maffesoli, « Le rythme du temps », dans *L'Ombre de Dionysos. Contribution à une sociologie de l'orgie*, Paris, Klincksieck, **1985** ; L. Molet, « L'année sacrale, la fête et les rythmes du temps », dans J. Poirier (dir.), *Histoire des mœurs*, vol.1, Paris, Gallimard, coll. « Folio », **1990**, pp. 269-412 ; M. Maffesoli, « Le rythme social », dans *La Transfiguration du politique* [**1992**], Paris, La Table ronde, 2002 ; –, *Le Rythme de la vie. Variations sur les sensibilités postmodernes*, Paris, La Table ronde, **2004** ; S. Hampartzoumian, *Effervescence techno ou la communauté trans(e)cendantale*, Paris, L'Harmattan, **2004** ; B. Mabilon-Bonfils (dir.), *La Fête techno. Tout seul et tous ensemble*, Paris, Autrement, **2004**.

2. P. Sauvanet, « Rythme », *Encyclopædia Universalis*, Thesaurus, Paris, **1990** ; J.-J. Wunenburger (dir.), *Les Rythmes. Lectures et théories*, Paris, L'Harmattan, **1992** ; P. Sauvanet et J.-J. Wunenburger (dir.), *Rythmes et Philosophie*, Paris, Kimé, **1996** ; P. Sauvanet,

2.2. D'autres mettent en regard philosophies occidentale et chinoise. Proches par certains côtés des travaux de Granet sur le rythme dans la culture chinoise ancienne et du travail plus récent de Meschonnic sur les rythmes propres à la Bible hébraïque, ces travaux semblent, quant à eux, traversés par une dynamique assez proche des problématiques *rhuthmiques* évoquées dans ce livre et pourraient certainement faire l'objet d'une enquête très utile.[1]

3. Les études littéraires sont le troisième espace témoin d'un renouveau d'intérêt pour le rythme.

3.1. Celui-ci, notamment dans les études d'histoire de la littérature, reste encore souvent marqué par les conceptions métriques et rhétoriques traditionnelles,

Le Rythme grec d'Héraclite à Aristote, Paris, PUF, **1999** ; P. Sauvanet, *Le Rythme et la Raison*, 2 vol., Paris, Kimé, **2000** – Sur les avancées et les limites de ces travaux, voir ma discussion dans *Problèmes de rythmanalyse*, vol. 1, Paris, Rhuthmos, **2022**, chap. 2 et la réponse de Sauvanet à certaines de mes objections déjà anciennes : « Retour sur quelques malentendus en matière de théorie du rythme », https://www.rhuthmos.eu/spip.php?article446, **2011**.

1. F. Jullien, *Procès ou Création. Une introduction à la pensée des lettrés chinois*, Seuil, Paris, **1989** ; F. Cheng, *Vide et plein*, et *Souffle-esprit*, Paris, Le Seuil, **1989** ; N. Vandier-Nicolas, art. « *qiyun* (souffle, rythme) », *Encyclopédie philosophique universelle. Les notions*, t. 2, Paris, PUF, **1990**, p. 2972 ; F. Jullien, *La propension des choses. Pour une histoire de l'efficacité en Chine*, Paris, Le Seuil, **1992** ; –, *Figures de l'immanence. Pour une lecture philosophique du Yi King*, Paris, Grasset, **1993** ; –, *Traité de l'efficacité*, Paris, Grasset, **1996** ; P. Link, *An Anatomy of Chinese : Rhythm, Metaphor, Politics*, Cambridge, Harvard Univ. Press, **2013** – On peut ajouter ici une mention à la mystérieuse philosophie du rythme de Kurita Sendo mentionnée par H. Medison dans *On Rhythm Science by Kurita Sendo*, Tokyo, Rhythm College's Printing Office, **1918**, https://www.rhuthmos.eu/spip.php?article656, philosophie qui semble avoir été complètement oubliée jusqu'à présent.

même si celles-ci varient naturellement selon les domaines linguistiques.[1]

3.2. Mais, comme en philosophie, on observe aussi l'apparition de travaux très critiques à l'égard de ces conceptions, travaux qui introduisent des innovations *rhuthmiques* en partie inspirées par les réflexions de Meschonnic et que l'on ne saurait trop recommander.[2]

1. J. Bump, *Gerard Manley Hopkins*, Woodbridge CT, Twayne publishers, **1982** ; M. R. Lichtmann, *The Contemplative Poetry of Gerard Manley Hopkins*, Princeton NJ, Princeton Univ. Press, **1989** ; S. M. Oberhelman, *Rhetoric and Homiletics in Fourth Century Christian Literature. Prose, Rhythm, Oratorical Style, and Preaching in the Works of Ambrose, Jerome, and Augustine*, Atlanta, Scholars Press, **1991** ; D. Attridge, *Poetic Rhythm : An Introduction*, Cambridge, Cambridge University Press, **1995** ; M. Campbell, *Rhythm and Will in Victorian Poetry*, Cambridge, Cambridge Univ. Press, **1999** ; P. Lusson, « Isomorphismes rythmiques dans les récitatifs de l'*Alceste* de Lulli » *Texto*, **2002**.

2. L. Bourassa, « Rythme et sens dans un poème de P.-M. Lapointe », *Protée*, vol. 18, n° 1, **1990**, pp. 29-36 ; G. Dessons, *Introduction à l'analyse du poème*, Paris, Armand Colin, **1991** ; L. Bourassa, « Tensions et rythmes », *Voix et images*, « François Charron », n° 48, **1991**, pp. 430-444 ; –, « Le rythme au présent de la mémoire », R. Chamberland et R. Martel (éd.) « *Oralités/Polyphonix* », Québec, Éd. Interventions, **1992**, pp. 87-99 ; –, « De l'espace au temps, du voir à la voix », *Poétique*, n° 91, **1992**, pp. 345-362 ; –, « La forme du mouvement (sur la notion de rythme) », *Horizons philosophiques*, vol. 3, n° 1, **1992**, pp. 103-120 ; –, *Rythme et sens. Des processus rythmiques en poésie contemporaine* [**1993**], Paris, Rhuthmos, 2015 ; –, « Figurations et configurations du rythme : contours d'une poétique » [sur Michel Deguy], *Études françaises*, vol. 29, n° 3, **1993**, pp. 81-101 ; –, « Passages de la voix dans le texte : l'exemple de Valère Novarina », D. Delas & M. Collot (dir.), *R.I.T.M.*, « Rythme et écriture IV. Le regard et la voix », Univ. de Paris X, **1994**, pp. 3-112 ; –, « La dynamique temporelle : un fait de style ? », *Protée*, vol. 23, n° 2, **1995**, pp. 89-100 ; –, « Du rythme repensé aux rythmes recyclés : poésie, essence et histoire chez

4. À partir de la fin des années 1990, le nombre de publications abordant la question ou utilisant le concept de rythme comme outil descriptif ou critique se met à croître de manière exponentielle dans des disciplines de plus en plus nombreuses. On ne pourra ici les recenser toutes comme il serait pourtant fort utile de le faire ; cette bibliographie n'est qu'un sondage qui ne prétend en rien à l'exhaustivité. Le nombre de références issues de ce premier tour d'horizon est toutefois déjà si important qu'il nécessite de changer de mode d'exposition. Pour faciliter la lecture, je vais disposer celles-ci en pleine page, par champs principaux, disciplines et sous-disciplines, ainsi que par ordre chronologique de parution. Il va de soi qu'à l'image de la bibliographie présentée dans le chapitre

Michel Deguy », C. Filteau (dir.), *Itinéraires et contacts des cultures*, vol. 18-19, Paris, L'Harmattan, **1995**, pp. 151-160 ; –, « Transports du signe : rime et allégorie dans Sémaphore », *Voix et images*, n° 61, « Dossier sur Gilles Hénault », **1995**, pp. 74-91 ; –, *Henri Meschonnic. Pour une poétique du rythme*, Paris, Bertrand-Lacoste, **1997** ; Y. Letournel, « Recherches de facture chez Rimbaud et Cézanne », *Parade sauvage*, n° 14, Classiques Garnier, **1997 et** https://www.rhuthmos.eu/spip.php?article2062 ; G. Dessons et H. Meschonnic, *Traité du rythme. Des vers et des proses*, Paris, Dunod, **1998** ; H. Meschonnic, « Manifeste pour un parti du rythme », https://www.rhuthmos.eu/spip.php?article471, **[1999]**, 2011 ; L. Bourassa, « La fonction heuristique du rythme : signifiance du temps et temporalisation du sens », *Documents de travail et pré-publications*, Centro Internazionale di Semiotica e Linguistica, Urbino, **1999**, pp. 1-20 ; –, « Du "texte véridique" au "fait rythmique et transitoire". Les rythmes du traduire et la poétique de Mallarmé », *TTR (Traduction, terminologie, rédaction)*, vol. 12, n° 1, **1999**, pp. 91-114 ; A. E. Sejten, « Une pensée de l'oreille. L'hiéroglyphe poétique chez Diderot », *Diderot, ou, Le défi esthétique. Les écrits de jeunesse 1746-1751*, Paris, Vrin, **1999**, pp. 190-197.

intermédiaire, j'ai inclus nombre de titres qui ne font pas nécessairement un appel explicite à la notion de rythme mais qui ont affaire à elle d'une manière ou d'une autre. Dernière précision : comme on va le voir, certaines sections sont encore assez pauvrement garnies mais cela n'indique que les limites de mon information personnelle. Comme je l'ai fait déjà plusieurs fois précédemment, je lance un appel à tous ceux qui voudraient bien aider à étendre encore cette bibliographie, en passant par le site www.rhuthmos.eu, dont c'était précisément l'un des objectifs, lors de sa création en 2010, de documenter cet extraordinaire essor que l'on commençait à voir poindre.

4.1. Commençons par les travaux réfléchissant aux dimensions poétique, esthétique et artistique du rythme.

Histoire de la littérature

J.-Ph. Saint-Gérand, « Du rhythme : le *désir* du poëte et le *dire* des dictionnaires (1780-1914) », *Annales Littéraires de l'Université de Franche-Comté*, n° 16, **2003**, pp. 59-88 ; K. Rosenfield, *Antigone, de Sophocle à Hölderlin : la logique du rythme*, Galilée, **2003** ; C. Couturier-Heinrich, *Aux origines de la poésie allemande. Les théories du rythme des Lumières au Romantisme*, Paris, CNRS Editions, **2004** ; L. Bourassa, « De l'effacement à l'identification. Jaccottet et la "seconde naissance" de Hölderlin », N. Watteyne (dir.) *Lyrisme et énonciation lyrique*, Québec/Bordeaux, Nota Bene et Presses Univ. de Bordeaux, **2006**, pp. 141-169 ; W. Martin, *The Recurrence of Rhythm: Configurations of the Voice in Homer, Plato and Joyce*, Phd Dissertation, Univ. of New South Wales, **2006** ; M. Golston, *Rhythm and Race in Modernist Poetry and Science*, New York, Columbia Univ. Press, **2007** ; F. Gaillet-de-Chezelles, *Wordsworth et la marche: parcours poétique et esthétique*, Grenoble, Ellug, **2007** ; P. Petitier et G. Séginger (dir.), *Les Formes du temps.*

Rythme, histoire, temporalité, Strasbourg, Presse univ. de Strasbourg, **2007** ; B. Previšić, *Hölderlins Rhythmus. Ein Handbuch*, Frankfurt am Main-Basel, Stroemfeld, **2008** ; K. H. Rosenfield, « Hölderlin et Sophocle. Rythme et temps tragique dans les *Remarques sur Œdipe et Antigone* », *Philosophique*, n° 11, **2008**, pp. 79-96 ; V. Fabbri, *Paul Valéry : le poème et la danse*, Paris, Hermann, **2009** ; P. Dayan & D. Evans (ed.), *Rhythm in Literature After the Crisis in Verse*, Edinburgh, Edinburgh Univ. Press, **2010** ; P. Michon, « Rhythm, Organization of Significance and Subjectivity in Baudelaire's Correspondances », K. Mendicino and J. Harst (dir.) *Materializing Signs in Rhythm, Gravity and Figures*, conf. Yale Univ., February 26-27, **2010** et https://www.rhuthmos.eu/spip.php?article107 ; J. Rogozinski, « Le barattement barbare de la barbaque selon Antonin Artaud », https://www.rhuthmos.eu/spip.php?article328, **2011** ; M Leca-Tsiomis, « Hiéroglyphe poétique. L'oreille et la glose », *Recherches sur Diderot et sur l'Encyclopédie*, n° 46, **2011**, pp. 41-55 ; M. Martin, *The Rise and Fall of Meter : Poetry and English National Culture, 1860 – 1930.* Princeton, NJ : Princeton University Press, **2012** ; M. Kouadio N'guettia, *Poétique africaine, rythme et oralité : L'exemple de la poésie ivoirienne*, Paris, L'Harmattan, Paris, **2012** ; P. Michon, « Deux figures du rythme chez Diderot : l'hiéroglyphe et la manière », https://www.rhuthmos.eu/spip.php?article849, **2013** ; L. Lavergne, *Espaces et rythmes en poésie. Six visages de la poésie hispanophone du XXe siècle. Ruben Darío, Juan Ramón Jiménez, Rafael Alberti, Vicente Aleixandre, Pere Gimferrer, Leopoldo María Panero*, Paris, L'Harmattan, **2014** ; L. Fraisse, « Le rôle du rythme dans la constitution du psychisme : théorie et pratique chez Proust », https://www.rhuthmos.eu/spip.php?article2040, **2015** ; P. Willemart, *Le Doux Chantre Bergotte dans À l'Ombre des jeunes filles en fleurs de Marcel Proust* , Paris, Edilivre, **2015** ; L. Mattiussi, *Mallarmé et la Chine*, Paris, L'Harmattan, **2015** ; N. Roelens, « L'envergure et l'avenir de l'*idiorrythmie* », *Carnets*, n° 6 – Exotopies de Barthes, **2016**, pp. 130-142 ; E. Rapport, « Prosodic Rhythm in Jewish Sacred Music: Examples from the Persian-Speaking

World », *Asian Music*, vol. 47, n° 1, Univ. of Texas Press, **2016**, pp. 64-102 ; K. Mendicino, « Hölderlin's "Patmos" and Meter's λόγος », https://www.rhuthmos.eu/spip.php?article624, **2016** ; C. Couturier-Heinrich, « Les emplois du mot *rythme* en Allemagne autour de 1800 : un terme technique s'émancipe », https://www.rhuthmos.eu/spip.php?article720, **2016** ; H. Wulff, *Rhythms of Writing : An Anthropology of Irish Literature*, London, Bloomsbury Academic, **2019** ; C. Kempin, «"Maßloses Maß" in der "formlosen Form", Zur Analyse von Prosarhythmus – am Beispiel von David Foster Wallace' Death Is Not the End », S. Efimova und M. Gamper (Hrsg.), *Prosa Prose : Geschichte, Poetik, Theorie*, Berlin/Boston, De Gruyter, **2021** ; E. Ronzheimer, *Poetologien des Rhythmus um 1800 : Metrum und Versform bei Klopstock, Hölderlin, Novalis, Tieck und Goethe*, Berlin/Boston, De Gruyter, **2021** ; E. Jones, *The Turn of Rhythm How Victorian Poetry Shaped a New Concept*, Charlottesville, Univ. of Virginia Press, **2023**.

Théorie de la littérature et poétique contemporaines[1]

L. Bourassa, « Du signe à l'articulation : Humboldt, Hegel, Mallarmé », B. Lindorfer & D. Naguschewski (ed.), *Hegel. Zur Sprache. Beiträge zur europäischen Sprachreflexion*, Tübingen, Gunter Narr Verlag, **2002**, pp. 181-197 et http://www.rhuthmos.eu/spip.php?article 356 ; M. Verdicchio & R. Burch (ed.), *Between Philosophy and Poetry : Writing, Rhythm, History* **[2002]** New York-London, Continuum International, 2006 ; E. Bordas, « Le rythme de la prose », *Semen*, n° 16, **2003** ; R. Tsur, *On the Shore of Nothingness : Space, Rhythm, and Semantic Structure in Religious Poetry and its Mystic-Secular Counterpart – A Study in Cognitive Poetics*, Exeter, Imprint Academic, **2003** ; L. Bourassa, « Fidélité et transparence : Jaccottet et Roud face à Hölderlin », M. Doré et D. Jakubec (dir.), *Deux*

---

1. Voir aussi les références données plus haut dans la section 3 de ce chapitre.

littératures francophones en dialogue. Du Québec et de la Suisse romande. Actes du colloque de Lausanne 25-27 avril 2002, Les Presses de l'Univ. Laval, **2004**, pp. 205-218 ; B. Bonhomme et M. Symington (éds.), *Le Rythme dans la poésie et dans les arts, Interrogation philosophique et réalité artistique*, Paris, Honoré Champion, **2005** ; M. Ballabriga, « Le rythme sémantique dans un poème de Verlaine. Étude de cas et propositions », *Texto ! Textes & Cultures*, vol. 10, n° 2, **2005** ; S. Orace, « Désir du rythme, rythme du désir : autour d'un éventail », *Sofistikê*, n° 1, **2009** ; L. Bourassa, *L'Entrelacs des temporalités. Du temps rythmique au temps narratif*, Québec, Nota Bene, **2009** ; P. Michon, « Sur les nouvelles manières de fluer du langage à l'ère du capitalisme flex-réticulaire – Vers une poétique de la société », https://www.rhuthmos.eu/spip.php?article186, **2010** ; P. Truchot, « Figure de la singularité : l'idiot et ses rythmes », https://www.rhuthmos.eu/spip.php?article206, **2010** ; L. Bourassa, « Articulation et rythme : matière, pensée et création dans le discours », M. Cowen et L. Guido (dir.), *Intermédialités*, « Rythmer », **2010**, pp. 185-206 ; C. Couturier-Heinrich, « Gottfried Hermann (1772-1848), un philologue kantien », *Revue germanique internationale*, n° 14, **2011**, http://www.rhuthmos.eu/spip.php?article 1372 ; C. Laplantine, *Émile Benveniste. L'Inconscient et le Poème*, Limoges, Lambert Lucas, **2011** ; É. Benveniste, *Baudelaire*, édition, présentation et transcription par C. Laplantine, Limoges, Lambert-Lucas, **2011** ; P. Michon, « Rythme et manière chez Marielle Macé », https://www.rhuthmos.eu/spip.php?article442, **2011** ; A. Zorrilla, « El ritmo y la métrica en los textos literarios », https://www. rhuthmos.eu/spip.php?article1747, **[2011]**, 2019 ; R. Tsur, *Poetic Rhythm : An Empirical Study in Cognitive Poetics*, Eastbourne, Sussex Academic *Press*, 2012 ; M. Leopizzi, *Henri Meschonnic dans « tous ses états ». Poème, essai, langage*, Paris, Hermann, **2012** ; L. Dahan-Gaida (dir.), *Temps, rythmes, mesures. Figures du temps dans les sciences et les arts*, Paris, Hermann, **2012** ; C. Placial, « Pour la libre répétition du mot "et" dans la littérature de langue française », *Languedefeu*, **2013** ; K. N. Martin Kouadio, « « Linguistique, rythme et discours : de la fondation d'une poétique moniste de l'expressivité », https://www.rhuthmos.eu/spip.php?article798, **2013** ; F. Scotto, *Il senso del suono. Traduzione poetica e ritmo*, Roma, Donzelli, **2013** ; J. Lormier, « Traduire en hexamètres français : une contradiction dans les termes ? », *Anabases. Traditions et réceptions de l'Antiquité*, n° 20, **2014**, pp. 174-191 ; V. Viehöver, « Introduction – Réinventer le rythme / Den Rhythmus neu denken » und « "Lire le rythme" – Henri Meschonnics Theorie und Praxis des Lesens », *Intervall(e)s* « Réinventer le rythme / Den Rhythmus neu denken », n° 7, **2015** ; L. Bourassa, *Henri Meschonnic. Pour une poétique du rythme* [1997], nlle éd. rev. et aug., Paris, Rhuthmos, **2015** ; M. Shell, *Talking the Walk & Walking the Talk : A Rhetoric of Rhythm*, New York, Fordham University Press, **2015** ; A. Rodriguez, « Le rythme et la visée », *Études de lettres*, « Les échelles du texte », n° 3, **2015**, pp. 163-188 ; H. Saussy, *The Ethnography of Rhythm. Orality and its Technologies*, New York, Fordham Univ. Press, **2016** ; S. Martin, *Voix et Relation. Une poétique de l'art littéraire où tout se rattache*, Paris, Marie Delarbre, **2017** ; K. N. Martin Kouadio (dir.), *Rythmes, Imaginaires et Significances*, Paris, Edilivre, **2019** ; M. Pajevic (ed.), *The Henri Meschonnic Reader : A Poetics of Society*, Edinburgh, Edinburgh Univ. Press, **2019** ; B. Glaser & J. Culler (ed.), *Critical Rhythm : The Poetics of a Literary Life Form*, New York, Fordham Univ. Press, **2019** ; L. Marcus, « Rythmical Subjects », https://www.rhuthmos.eu/spip.php?article3044, **2020** ; M. Agnetta & N. Mälzer, « Henri Meschonnics holistischer Rhythmusbegriff und einige seiner Implikationen für die Translationswissenschaft », B. R. Gibhardt (Hrsg.), *Denkfigur Rhythmus : Probleme und Potenziale des Rhythmusbegriffs in den Künsten*, Hannover, Wehrhahn Verlag, **2020**, pp. 105-115 ; S. Martin, *Rythmes amoureux. Corps, langage, poème*, La Fresnaie-Fayel, Editions Otrante, **2020** ; R. Bourkhis (dir.), *Image, rythme, traduction : Mélanges offerts à la mémoire de Nebil Radhouane*, Paris, L'Harmattan, **2020** ; E. Prak-Derrington, *Magies de la* *répétition*, Lyon, ENS Editions, **2021** ; M. Gamper, «Rhythmus als eine Organisationsform der Prosa», S. Efimova und M. Gamper (Hrsg.), *Prosa Prose : Geschichte, Poetik, Theorie*, Berlin/Boston, De Gruyter, **2021** ; H. Meschonnic, V. Viehöver (Hg.) & H. Lösener (Hg.), *Ethik und Politik des Übersetzens*, Berlin, Matthes & Seitz Verlag, **2021** ; M. Gnolé, «Poétique du corps rythmique et signifiance dans *Le Cri du Silence* de Franck Ninsémon Bélé», https://www.rhuthmos.eu/spip.php?article3023, **2023** ; J.-L. Tamby, «*Sorcerer* et quimboiseur : L'intention poétique de Miles Davis et Edouard Glissant», https://www.rhuthmos.eu/spip. php? article2980, **2023**; E. Lilja (ed.), *Rhythm in Modern Poetry : An Essay in Cognitive Versification Studies*, Bloomsbury Academic, **2023**.

Pratique et théorie théâtrale

G. V. Kristi, «Les talents et les admirateurs d'Ostrovski, notes de répétitions», *Stanislavski répète*, Moscou, Éditions du théâtre d'Art de Moscou, **2000**, p. 240-241, trad. fr. S. Poliakov, https://www.rhuthmos. eu/spip.php?article806, 2013 ; S. Klimis, «Le souffle citoyen. Inventer le chœur tragique au XXIe siècle, Les Perses d'Eschyle, mise en scène Claudia Bosse – 2006», F. Fix et F. Toudoire-Surlapierre (dir.), *Le chœur dans le théâtre contemporain (1970-2000)*, Dijon, Éd. univ. de Dijon, **2009**, pp. 101-110; M. Bernardy, «Le jeu verbal», https://www.rhuthmos.eu/spip.php?article1518, **2015** ; E. Morris, *Rhythm in Acting and Performance. Embodied Approaches and Understandings*, London, Bloomsbury Publishing, **2017**.

Histoire et théorie de la musique

B. Didier, «Le rythme musical dans l'*Encyclopédie*», *Recherches sur Diderot et sur l'Encyclopédie*, n° 5, **1988**, pp. 72-90 ; C. F. Hasty, *Meter as Rhythm*, Oxford, Oxford Univ. Press, **1997** ; P. Sauvanet, «L'ethnomusicologue et le philosophe : quand ils se rencontrent sur le phénomène "rythme" », *Cahiers d'ethnomusicologie*, n° 10, **1997**, pp. 3-16 ; B. Sève, « Le temps rythmique », *L'altération musicale*, Paris, Le Seuil, **2002** ; M. Austin [1868-1934], *The American Rhythm : Studies and Reexpressions of Amerindian Songs,* Santa Fe-New Mexico, Sunstone Press, **2007** ; J. Darriulat, « De musica », http://www.jdarriulat.net/Introductionphiloesth/Antiquitetardive/Augustin/Augustin Musica.html, **2007** ; S. Goodman, *Sonic Warfare : Sound, Affect, and the Ecology of Fear*, Cambridge, MIT Press, **2007** ; L. Mathieu, « Un regard actuel sur la rythmique Jaques-Dalcroze », *Recherche en éducation musicale*, n° 28, Univ. Laval, Québec, **2010** ; P. Sauvanet, « Le pouvoir paradoxal du batteur de jazz », Dossier « Rythmanalyses », *Multitudes* n° 46, **2011**, pp. 207-2010 ; P. Otaola, « L'ethos des rythmes dans la théorie musicale grecque », M.-H. Delavaud-Roux (ed.), *Musiques et danses dans l'Antiquité*, Rennes, Presses Univ. de Rennes, **2011** ; K. Beffa, « Comment parler de la musique – Leçon inaugurale au Collège de France », https://books.openedition.org/cdf/1372, **2012** ; J. Lambert, « Le "*quanto* syllabique" : métrique poétique arabe et rythmique bichrone au Yémen », *Revue des traditions musicales du Monde arabe et méditerranéen*, n° 6, Beyrouth, **2012**, pp. 19-42 ; M. Formarier, « Dynamique verbale et segmentation rythmique dans la *lectio cum cantico* de Daniel. Analyse comparative de la version milanaise et de la version bénéventaine », https://www.rhuthmos.eu/spip.php?article867, **2013** ; R. M. Grant, *Beating Time & Measuring Music in the Early Modern Era*, Oxford, Oxford Univ. Press, **2014** ; V. Grauer, *The Life and Times of a Musical Virus : A Critical History of the Rhythm Section*, Amazon Digital Services, **2014** ; R. Allen, « Introduction » in *Richard Wagner's Beethoven*, Woodbrige, The Boydell Press, **2014** ; A. Sueur, *Le Frein et l'Aiguillon : Éloquence musicale et nombre oratoire (XVIe-XVIIIe siècle)*, Paris, Garnier, **2014** ; P. Criton & et J.-M. Chouvel, *Gilles Deleuze. La pensée-musique*, Paris, Centre de documentation de la musique contemporaine, **2015** ; P. Larroque, *English Rhythm and Blues. Les liens étroits entre le blues et l'anglais*, Paris, L'Harmattan, **2015** ; Rhuthmos, « Article "Rhythme" – Jean-

Jacques Rousseau – *L'Encyclopédie* », [1749] https://www. rhuthmos.eu/spip.php?article102, **2016** ; A. Mayr, « Mittag in Pens – Klanglandschaft und soziale Rhythmik », https://www. rhuthmos.eu/spip.php?article1930, **2017** ; J. Burmeister, *Poétique musicale. Suivi de David Chytraeus, De la musique*, Paris, Rhuthmos, **2017** ; J. Réda, *Une civilisation du rythme*, Paris, Buchet-Chastel, **2017** ; J. Caskel, *Die Theorie des Rhythmus. Geschichte und Ästhetik einer Denkfigur des 20. Jahrhunderts*, Transcript-Verlag, **2020** ; J.-L. Tamby, *Mystérieuses bleuités. À l'écoute d'Édouard Glissant et de Miles Davis*, Editions de l'Institut du Tout Monde, **2022** ; S. Bridoux-Michel, *Entre les mondes, Iannis Xenakis*, Villeneuve-d'Ascq, Presses universitaires du Septentrion, **2023**.

Histoire et théorie de la danse

W. H. McNeill, *Keeping Together in Time. Dance and Drill in Human History*, Cambridge, Harvard Univ. Press, **1995** – tr. fr, 2005 ; I. Launay, *À la recherche de la danse moderne. Rudolf Laban – Mary Wigman*, Paris, Chiron, **1996** ; L. Guilbert, *Danser avec le IIIᵉ Reich. Les danseurs modernes sous le nazisme*, Bruxelles, Ed. Complexe, **2000** ; J. Dinerstein, *Swinging the Machine : Modernity, Technology, and African American Culture Between the World Wars*, Boston, Uni. of Massachussets Press, **2003** ; D. Dupuy et F. Pouillaude, *Danse et politique. Démarche artistique et contexte historique*, Pantin, Centre National de la Danse, **2003** ; P. Michon, « Danse, jazz et technique chez Siegfried Kracauer », https://www.rhuthmoseu/spip.php?article147, **[2005]** 2012 ; D. Reynolds, *Rhythmic Subjects. Uses of Energy in the Dances of Mary Wigman, Martha Graham, and Merce Cunningham*, Binsted, Dance Books, **2007** ; V. Fabbri, *Danse et philosophie. Une pensée en construction*, Paris, L'Harmattan, **2007** ; Dossier « El ritmo en el arte de la danza », *Telón de fondo. Revista de Teoria y Critica Teatral*, n° 9, julio, **2009** avec des contributions de P. Zayas de Lima, « Introducción a la problemá-tica del ritmo en el arte de la danza » **2009** ; C. Barretta, « El ritmo en la danza » **2009** ; L. Miramontes, « El ritmo en la música y la danza : su función como organizador » **2009** ; A. Zorrilla, « Ritmo y sentido en la obra de arte de cruce de lenguajes » **2009** ; C. Barretta, L. Miramontes & A. Zorrilla, « Desarrollo de un método de análisis rítmico » **2009** ; M.-H. Delavaud-Roux (dir.), *Musiques et danses dans l'Antiquité*, Rennes, PUR, **2011** ; C. Barretta, L. Miramontes & A. Zorrilla, *Ritmando Danzas*, Buenos Aires, Autores de Argentina, **2013** et https://www.rhuthmos.eu/spipphp?article1751 ; V. Fabbri, « Graphes et écritures », [sur la théorie de la notation de Nelson Goodman], https://www.rhuthmos.eu/spip.php?article1066, **2013** ; Julian Henriques, Milla Tiainen & Pasi Väliaho (dir.), *Body & Society*, « Rhythm, Movement, Embodiment », n° 20, 3-4, Sep-Dec **2014** ; P. Crespi, « Rhythmanalysis in Gymnastics and Dance : Rudolf Bode and Rudolf Laban », *Body & Society*, Sage, n°. 20, **2014**, pp. 30-50 ; B. Cvejić, *Choreographing Problems. Expressive Concepts in Contemporary Dance and Performance*, London, Palgrave Macmillan, **2015** ; L. Miramontes & A. Zorrilla, « El ritmo en el arte: individuación, subjetividad y norma », https://www.rhuthmos.eu/spip.php?article2103, **2017** ; M.-H. Delavaud-Roux (dir.), *Corps et voix dans les danses du théâtre antique*, Rennes, Presses Univ. de Rennes, **2019** ; A. Guzmán, « Cosas del ritmo », https://www.rhuthmos.eu/spip.php?article2724, **2021** ; J. Rutgeerts, *Performing Temporality in Contemporary European Dance : Unbecoming Rhythms*, Bristol, Intellect Ltd, **2023**.

Histoire et théorie du cinéma

M. Cowan, « The Heart Machine: "Rhythm" and Body in Weimar Film and Fritz Lang's *Metropolis* », *MODERNISM/modernity*, vol. 14, 2, The Johns Hopkins Univ. Press, **2007**, pp. 225-248 ; L. Guido, *L'Age du rythme. Cinéma, musicalité et culture du corps dans les théories françaises des années 1910-1930*, Lausanne, Payot, **2007** ; –, « Le film comme "symphonie du monde". L'universalité des gestes rythmiques dans *Melodie der Welt* et sa réception française », *Intermédialités : histoire* *et théorie des arts, des lettres et des techniques*, n° 16, **2010**, pp. 105-128 ; M. Cowan, « Advertising, Rhythm, and the Filmic Avant-Garde in Weimar : Guido Seeber and Julius Pinschewer's *Kipho* Film », October, n° 131, **2010**, pp. 23-50 ; –, *Technology's Pulse. Essays on Rhythm in German Modernism*, **[2012]**, Paris, Rhuthmos, 2018 ; Forschungs-netzwerk BTWH (hrsg. vom), *Hans Richters 'Rhythmus 21'. Schlüssel-film der Moderne*, Würzburg, Königshausen & Neumann, **2013** ; A. Rigaud, « *Manhatta* de Charles Sheeler et Paul Strand : du panorama au kaléidoscope », *e-Rea* [Online], n° 13.1, **2015** ; D. Torlasco, *The Rhythm of Images : Cinema beyond Measure*, Minneapolis, Univ. of Minnesota Press, **2021** ; B. Rivière, *Gus Van Sant : Le sens du rythme*, Paris, Classiques Garnier, **2024**.

Histoire de l'art et théorie esthétique

M. W. Schwarzer, « The Emergence of Architectural Space : August Schmarsow's Theory of ''Raumgestaltung'' », *Assemblages*, MIT Press, n° 15, **1991**, pp. 48-61 ; S. Curtil, *Paul Klee en rythme*, Paris, Centre Pompidou, **1998** ; E. Escoubas, « Le phénomène et les rythmes », *Revue d'esthétique*, n° 36, **1999** ; G. Cerini, *Du Dispositif rythmique : arguments pour une sémio-physique*, Paris, L'Harmattan, **2000** ; H. Meschonnic, *Le Rythme et la Lumière, avec Pierre Soula-ges*, Paris, Odile Jacob, **2000** ; M. Belic, *Apologie du rythme. Le rythme plastique : prolégomènes à un méta-art*, Paris, L'Harmattan, **2002** ; D. Arasse, *Léonard de Vinci : le rythme du monde*, Paris, Hazan, **2003** ; P. Guisgand, « Pollock ou les états de corps du peintre », *DÉMéter*, Univ. de Lille-3, juin **2004** et https://www.rhuthmos.eu/spip.php?article1657 ; B. Naumann, *Rhythmus : Spuren eines Wechselspiels in Künsten und Wissenschaften*, Würzburg, Königshausen & Neumann, **2005** ; C. Dutheil-Pessin, A. Pessin, P. Ancel (dir.), *Rites et rythmes de l'œuvre*, 2 vol., Paris, L'Harmattan, **2005** ; J.-C. Goddard, « Henri Maldiney et Gilles Deleuze. La station rythmique de l'œuvre d'art », *Deleuze international*, **2009** et https://www.rhuthmos.eu/spip.php?article896 ; J.-C. Goddard, « Henri Maldiney et Gilles Deleuze. La station rythmique de l'œuvre d'art », *Deleuze international*, **2009** ; J. Rößler, « Rhythmus, Symbol des Lebens: Die deutsche El-Greco-Rezeption von den Anfängen bis zu Julius Meier-Graefes, "Spanischer Reise" (1910) », *Marburger Jahrbuch für Kunstwissenschaft, n° 36*, **2009**, pp. 391-411 ; G. Vasold, « Optique ou haptique : le rythme dans les études sur l'art au début du XXe siècle », M. Cowan & L. Guido (ed.), Dossier « Rhythmer », *Intermédialités. Histoire et théorie des arts, des lettres et des techniques*, n° 16, Montréal, **2010**, p. 35-55 ; M. Gubser, « Rhythm in the Thoughts of Alois Riegl and his Contemporaries », P. Noever, A. Rosenauer & G. Vasold (dir.), *Alois Riegl Revisited. Beiträge zu Werk und Rezeption*, Vienne, Verlag der Österreichischen Akademie der Wissenschaften, **2010**, pp. 89-99 ; E. Escoubas, « Spatialisation de l'apparaître : le volume et le rythme », *Projets de paysage*, n° 5, **2011** et https://www.rhuthmos.eu/spip.php?article1483 ; J.-P. Charcosset (dir.) : *Henri Maldiney : penser plus avant...*, Chatou, Les Éditions de La Transparence, **2012** ; A. Pinotti, « Body-Building: August Schmarsow's Kunstwissenschaft between Psychophysiology and Phenomenology », M. B. Frank & D. Adler, *German Art History and Scientific Thought. Beyond Formalism*, London-New York, Routledge, **2012**, pp. 13-32 ; J.-P. Mourey & B Ramaut-Chevassus (dir.), *Art et ville contemporaine. Rythmes et flux*, Saint-Étienne, Publi. de l'Univ. de Saint-Étienne, **2012** ; T. Teutenberg, « Le rythme de l'espace. À propos d'un concept esthétique dans l'histoire de l'art au 19e et au début du 20e siècle », École de Printemps, Paris, **2012** ; R. Guillon, *Harmonie, rythme et sociétés : Genèse de l'Art contemporain*, Paris, L'Harmattan, **2012** ; T. Teutenberg, *Sehen in Bewegung - Konfigurationen der Zeit*, « The Deconstruction of the Absolute. On the new Rhythmizomena in German Art Historiography and Theory around 1900 », Eichstätt **2013** ; C. Berchon, *Rythmes graphiques. Comment les motifs font-ils identité ? Étude de trois motifs courants : les rayures de marin, l'écossais et le vichy*, Saarbrücken, OmniScriptum,

2013 ; A. Lampe, *Robert Delaunay. Rythmes sans fin – Catalogue de l'exposition*, Centre Pompidou, Paris, **2014** ; C. Grüny & M. Nanni (Hg.), *Rhythmus - Balance - Metrum : Formen raumzeitlicher Organisation in den Künsten*, Bielefeld, Transcript Verlag, **2014** ; P. Sauvanet, « La question du rythme dans l'œuvre d'Henri Maldiney : approche et discussion », Collectif, *Henri Maldiney, une singulière présence*, Paris, Encre marine, **2014** ; R. Lorenz (dir.), *Not Now ! Now ! Chronopolitics, Art & Research*, Berlin, Sternberg Press, **2014** ; A. Boissière, *Musique Mouvement*, Paris, Manucius, **2014** ; T. Aizpún, C. Ibáñez & E. Fernández del Campo (eds.), *Ritmo. El pulso del arte y de la vida*, Madrid, Abada Ed., **2016** ; C. Younès, « L'événement rythmique : apport de la philosophie de Maldiney pour la pensée de l'*aisthesis* en architecture », *Phantasia*, vol. 5, **2017** et https://www.rhuthmos.eu/spip.php?article2528 ; C. Büttner & C. Piotrowski (Hrsg), *Im Rhythmus : Entwürfe alternativer Arbeitsweisen von 1900 bis in die Gegenwart*, Paderborn, Wilhelm Fink, **2017** ; E. Tosaki, *Mondrian's Philosophy of Visual Rhythm : Phenomenology, Wittgenstein, and Eastern Thought*, Dordrecht, Springer, **2017** ; G. Nettel (dir.) dossier « Ritmo », *Revista de la Universidad de México*, n° 848, México, **2019** ; P. Sauvanet (dir.), *Les rythmes en arts*, Les cahiers d'ARTES, n° 14, Bordeaux, Presses univ. de Bordeaux, **2019** ; P. Cheyne, A. Hamilton, and M. Paddison (ed.), *The Philosophy of Rhythm. Aesthetics, Music, Poetics*, Oxford, Oxford Univ. Press, **2019** ; P. Michon, « Le rythme dans l'histoire de l'art à la Belle Époque », https://www.rhuthmos.eu/spip.php?article 2378, **2019** ; G. Seriani, *The Sense of Rhythm : A Semiotic Investigation of a Fundamental Device*, Trans. S. Santangelo, Emerald Publishing Limited, **[2020]**, 2023 ; A. C. Fonseca (dir.), *Ritmicidades : Cuerpos en Jira [2015-2019]*, Ciudad Autónoma de Buenos Aires, **2020** ; V. Barletta, *Rhythm : Form and Dispossession*, Chicago, Univ. of Chicago Press, **2020** ; B. R. Gibhardt (Hrsg.), *Denkfigur Rhythmus : Probleme und Potenziale des Rhythmusbegriffs in den Künsten*, Hannover, Wehrhahn Verlag, **2020** ; S. Lopes Coelho &

A. Zorrilla (ed.), *Estética y política del ritmo*, Paris, Rhuthmos, **2020** ; G. Minissale, *Rhythm in Art. Psychology and New Materialism*, Cambridge, Cambridge Univ. Press, **2021** ; T. Moore & C. Winner (Ed.), *Rhythm and Geometry : Constructivist art in Britain since 1951*, Norwich, Sainsbury Centre for Visual Arts, **2021** ; P. Michon, « Mondes rythmiques futurs », https://www.rhuthmos.eu/spip.php?article2962, **[2022]**, 2023 ; S. Horton & V. Mitchell (ed.), *Pattern and Chaos in Art, Science and Everyday Life : Critical Intersections and Creative Practice*, Bristol-Chicago, Intellect Ltd, **2023** ; C. Vara Sánchez , *Aesthetic Rhythms*, Palermo, Aesthetica Edizioni, **2023.**

Architecture

R. Tavernor, Concinnitas *in the Architectural Theory and Practice of Leon Battista Alberti*, Phd Dissertation, St. John's College, Cambridge, **1985** ; J.-B. Viale, *Le rythme : prospectives pour la lecture de la qualité d'espaces architecturaux et urbains par les dimensions rythmiques perçues* (mémoire), Nantes, École polytechnique de l'univ. de Nantes, **2000** ; T. Paquot et C. Younès (éd.), *Géométrie, mesure du monde : philosophie, architecture, urbain*, Paris, La découverte, **2005** ; T. Teutenberg, « Dem richtigen Namen ganz nahe "Eurythmie und Rhythmus" in der Architekturtheorie des 19. und frühen 20. Jahrhunderts » et « "ad hominis bene figurati" Zur Proportionstheorie der libri decem », Eikones Summer School, Basel, **2012** ; T. Proetti, « The Aesthetics of Proportion in Hans Van der Laan and Leon Battista Alberti », *Aisthesis. Pratiche, linguaggi e saperi dell'estetico*, [S.l.], v. 8, n° 2, **2015**, pp. 183-199 ; T. Teutenberg, « The Eye of Modernity. Form, Proportion and Rhythm in German Architectural-History of the 19th and early 20th Century », K. S. Farnham (ed.), *Architecture and the Body. Science and Culture*, Abingdon-New York, Routledge, **2018**, pp. 159-176 ; C. Bonicco-Donato, *Se mouvoir et être ému. L'expérience esthétique en architec-

ture, Marseille, Parenthèses, **2024** ; B. Jacquet & Y. Nussaume, *L'Architecture comme un être vivant : o+h*, Paris, Arléa, **2024**.

Expériences rythmiques des artistes

R. Long, *South America*, **[1972]**, Brest, Zédélé, 2012 ; W. Sables, *Traffic* **[2004]**, Leeds, https://www.rhuthmos.eu/spip.php?article2815 ; F. Alÿs, *Railings*, Fitzroy Square, London, https://www.rhuthmos.eu/spip.php?article2813, **[2004]** ; A. Mayr, « The Round-Table. A social time sculpture », *KronoScope. Journal for the Study of Time*, n° 9, **2009**, pp. 111-119 ; Sha Xin Wei, *Poiesis and Enchantment in Topological Matter*, Cambridge, MIT Press, **2013** ; E. Ikoniadou, *The Rhythmic Event : Art, Media, and the Sonic*, Boston, MIT Press, **2014** ; R. Astruc, « Un fou ? ou comment les artistes connectent encore (parfois) les hommes », [sur Israël Galvan], https://www.rhuthmos.eu/spip.php?article1533, **[2015]** ; C. Bowdler, *Dance as Rhythmanalysis*, Piccadilly Gardens Manchester, https://www.rhuthmos.eu/spip.php?article2816, **[2015]** ; I. Paez, « El ritmo del cuerpo : euritmia de un cuerpo libre (de expresión) », [sur Françoise Dupuy], https://www.rhuthmos.eu/spip.php?article1683, **[2016]** ; A. Mayr, « Peripheral Rhythmicities », https://www.rhuthmos.eu/spip.php?article1843, **2016** ; J. Perrin, « Traverser la ville ininterrompue : sentir et se figurer à l'aveugle. À propos de *Walk, Hands, Eyes (a city)* de Myriam Lefkowitz », *Ambiances. Revue internationale sur l'environnement sensible, l'architecture et l'espace urbain*, n° 3, **2017** ; A. Chedid, *Rythmes*, Paris, Gallimard, **2018** ; S. Pey, *Mathématique générale de l'infini*, Paris, Gallimard, **2018** ; N. Ginwala (ed.) & D. Muzyczuk (ed.), *The Museum of Rhythm*, Berlin, Sternberg Press, **2018** ; N. Mazic, *The Changing Same* **[2020]**, nïm at NYC Judson Church with movement research, https://www.rhuthmos.eu/spip.php?article2949 ; P. Michon, « Maguy Marin – De *May B* à *Ha ! Ha !* (1981-2006) » et « Élise Lerat & Collectif Allogène – *Feux* **[2021]** », *Problèmes de rythmanalyse*, vol. 2, Paris, Rhuthmos, **2022**, pp. 171-180 et pp. 191-197.

4.2. Continuons avec les travaux relevant des sciences humaines et sociales.

Géographie générale

T. Mels, « Lineages of a Geography of Rhythms », T. Mels (ed.), *Reanimating Places : A Geography of Rhythms*, Ashgate, **2004**, pp. 3-44 ; M. Gérardot, « Penser en rythmes », *EspacesTemps.net*, décembre **2007** ; R. Dodgshon, « Geography's place in time », *Geografiska Annaler*, Series B, Human Geography, vol. 90 (1), March **2008**, pp. 1-15 ; M. Gérardot, « Le rythme en géographie : un état des lieux », https://www.rhuthmos.eu/spip.php?article171, **2010** ; M. Gérardot, « Les enjeux du rythme pour la géographie », https://www.rhuthmos.eu/spip.php?article763, **2012** ; S. Godillon, G. Lesteven & S. Mallet, *Carnet de géographes*, n°8, Dossier « Géographie(s) de la lenteur », **2015** ; G. Drevon, L. Gwiazdzinski, O. Klein (dir.), *Chronotopies. Lectures et écriture des mondes en mouvement*, Seyssinet-Pariset, Elya, **2017** ; L. Gwiazdzinski, *Petite lecture rythmique de l'archipel du confinement*, Grenoble, Presses Univ. de Grenoble, **2020** ; Ch. Graff & L. Gwiazdzinski (dir.), *Rythmes et flux à l'épreuve des territoires*, Paris, Rhuthmos, **2024**.

Géographie urbaine et urbanisme

P. Fayeton, *Le Rythme urbain. Éléments pour intervenir sur la ville*, Paris, L'Harmattan, **2000** ; O. Mongin, « Les rythmes urbains de la ville à la non-ville », https://www.rhuthmos.eu/spip.php?article428, **2000** ; T. Paquot, « Une bibliographie commentée sur les temps dans le contexte urbain », *Le quotidien urbain. Essais sur les temps de la ville*, Paris, La Découverte, **2001**, p. 180-188 ; J.-Y. Boulin, « Le temps du travail dicte-t-il l'emploi du temps des citadins ? », T. Paquot (dir.), *Le quotidien urbain. Essais sur les temps de la ville*, Paris, La découverte, **2001** ; J.-P. Bailly et

E. Heurgon, *Nouveaux rythmes urbains : quels transports ?* La Tour d'Aigues, Éd. de l'Aube, **2001** ; D. Henckel & M. Eberling (Hrsg.), *Raumzeitpolitik*, Wiesbaden, VS Verlag für Sozialwissenschaften, **2002** ; D. Henckel, M. Eberling (Hrsg.), *Raumzeitpolitik*, Wiesbaden, VS Verlag für Sozialwissenschaften, **2002** ; L. Gwiazdzinski (dir.), *La Ville 24 heures sur 24. Regards croisés sur la société en continu* [**2003**], Paris, Rhuthmos, 2016 ; –, *La Nuit, dernière frontière de la ville* [**2005**], Paris, Rhuthmos, 2016 ; P. Michon, « L'eurythmie comme utopie urbaine », A.-M. Morice (dir.), *Zones urbaines partagées*, Paris, Théoriques-Synesthésie, **2008**, pp. 8-20 ; J.-P. Laviel, *Evolution des rythmes sociaux et étalement de l'heure de pointe*, Vaulx-en-Velin, ENTPE, **2008** ; F. Matos Wunderlich, « Symphonies of Urban Places : Urban Rhythms as Traces of Time in Space. A Study of 'Urban Rhythms' », *Koht ja paik/Place and Location : Studies in Environmental Aesthetics and Semiotics*, **2008** et https://www.rhuthmos.eu/spip.php?article1854 ; L. Gwiazdzinski, « Chronotopies – L'événementiel et l'éphémère dans la ville des 24 heures », *Bulletin de l'Association de géographes français*, **2009**, pp. 345-357 ; D. Koch & M. Sand, « Rhythmanalysis – Rhythm as Mode, Methods and Theory for Analysing Urban Complexity », *Proceedings of the International Conference Urban Design Research : Method and Application*, **2009** et https ://www.rhuthmos. eu/spip.php?article2452 ; C. Chen, « L'électricité, l'éclairage et les rythmes urbains », M.-J. Menozzi, F. Flipo & D. Pécaud (dir.), *Énergie et Société : sciences, gouvernances et usages*, Aix-en-Provence, Edisud, **2009**, pp. 25-34 ; D. Royoux, « Les politiques temporelles doivent mieux comprendre les rythmes qui changent », *Territoire*, n° 510, **2010** ; B. Pradel, *Rendez-vous en ville ! Urbanisme temporaire et urbanité évènementielle : les nouveaux rythmes collectifs*, HAL-Thèses en ligne, Laboratoire Ville, Mobilité, Transport, **2010** ; M. Mareggi, *Ritmi urbani*, Santarcangelo di Romagna, Maggioli Editore, **2011** ; C. Revol, « Rythmes et urbanisme. Pour une approche esthétique du dynamisme urbain », https ://www.rhuthmos.eu/spip.php?article493, **2012** ; –, « Kevin Lynch et Henri Lefebvre, penseurs de l'expérience esthétique des rythmes de l'environnement urbain », https ://www.rhuthmos.eu/ spip.php?article 852, **2013** ; O. Mongin, *La Ville des flux. L'envers et l'endroit de la mondialisation urbaine*, Paris, Fayard, **2013** ; R. J. Smith & K. Hetherington (ed.), *Urban Rhythms : Mobilities, Space and Interaction in the Contemporary City*, Wiley-Blackwell, **2013** ; D. Henckel *et al.* (ed.), *Space-Time Design of the Public City. Urban and Landscape Perspectives*, New York, Springer, **2013** ; S. Mallet, « Aménager les rythmes : politiques temporelles et urbanisme », *EspaceTemps.net*, avril **2013**; Y. Chen, « 'Walking With': A Rhythmanalysis of London's East End », *Culture Unbound*, vol. 5, **2013**, pp.531-549 ; S. Mallet, « Les rythmes urbains de la néoliberalisation », *Justice spatiale-Spatial Justice*, n° 6, juin **2014** ; M. Bonte & L. Le Douarin, « Les rythmes urbains de Beyrouth au(x) seuil(s) de la nuit », *Revue des mondes musulmans et de la Méditerranée*, n° 136, nov. **2014** ; J. Grosbellet, « Maîtriser les rythmes quotidiens : nouvelle revendication du droit à la ville ? Analyse des temps et espaces ralentisseurs, points d'ancrages et synchronisateurs des échelles et rythmes de vie métropolitains », *Carnets de géographes*, sept. **2015** ; F. Neuhaus, *Emergent Spatio-temporal Dimensions of the City : Habitus and Urban Rhythms*, London, Springer, **2015** ; D. De Wandeler, « Temporality and Rhythmanalysis in Brussels. Exploring variations in the spatio-temporal appropriation of a multicultural metropolis », I. Žindžiuvienė (ed.), *Spatiality and Temporality : An Interdisciplinary Approach*, Warsow, IRF Press, **2016**, pp. 53-72 ; L. Gwiazdzinski, « Les métropoles à l'épreuve de la saturation. Pour une politique des rythme », J. Lageira & G. Lamarche-Vadel (dir.), *Appropriations créatives et critiques*, Sesto San Giovanni, Mimesis, **2018**, pp. 137-161 ; G. Drevon, L. Gwiazdzinski, V. Kaufmann, L. Pattaroni, O. Soubeyran, « Rythmes de vie(s), rythmes de ville(s). Promesses d'un concept en mouvement », *EspacesTemps.net*, **2018** ; C. Nevejan, P. Sefkatli,

S. Cunningham, *City Rhythm : Logbook of an Exploration*, Delft University of Technology, Delft-Amsterdam, **2018** ; A. Mubi Brighenti & M. Kärrholm, « Beyond Rhythmanalysis : Towards a territoriology of rhythms and melodies in everyday spatial activities », *City, Territory and Architecture*, vol. 5, **2018** ; J.-L. Genard, « Un tournant esthétique dans le regard sur la ville », *EspacesTemps*, **2019** et https://www.rhuthmos.eu/spip.php?article 2424 ; P. Michon, « Rythmanalyse et rythmologie aujourd'hui », https://www.rhuthmos.eu/spip.php?article2398, **2019** ; A. Mubi Brighenti & M. Kärrholm, *Animated Lands : Studies in Territoriology*, Lincoln, Univ. of Nebraska Press, **2020** ; L. Gwiazdzinski, « Il est temps – Petit plaidoyer pour une approche spatio-temporelle et rythmique des villes et des territoires », *Cambo*, Dossier « Les rythmes de la ville », n° 17, **2020**, pp. 29-33 ; L. Gwiazdzinski, V. Kaufmann *et al.*, *Manifeste pour une politique des rythmes*, Lausanne, Editions EPFL-PRESS, **2020** ; C. Sezer & R. Van Melik (eds.), *Marketplaces : Movements, Representations and Practices*, London and New York, Routledge, **2022** ; L. Nash, *The Lived Experience of Work and City Rhythms : A Rhythmanalysis of London's Square Mile*, Bingley, Emerald Publishing Limited, **2022** ; G. Iparraguirre, *Cultural Rhythmics : Applied Anthropology and Global Development from Latin America*, Bingley, Emerald Publishing, **2022** ; Huu Liêu Dang, « La rythmanalyse, un outil analytique au service de la lecture spatio-temporelle de la ville au quotidien », *Villes Régions Monde.ca*, **2023** et https://www.rhuthmos.eu/spip. php?article3001 ; F. Matos Wunderlich, *Temporal Urban Design : Temporality, Rhythm and Place*, Abingdon-New York, Routledge, **2023**.

Géographie et sociologie des mobilités

R. Thomas, « La marche en ville. Une histoire de sens », *L'espace Géographique*, n° 1, **2007**, pp. 15-26 ; M. Gérardot, « La construction rythmique de l'incontournable touristique : l'exemple de la tour Eiffel », *Articulo.ch*, n° 4, octobre **2008** ; M. Kärrholm, « To the Rhythm of Shopping – On Synchronisation in Urban Landscapes of Consumption », *Social and Cultural Geography*, n° 10 (4), **2009**, pp. 421-440 ; T. Edensor (ed.), *Geographies of Rhythm : Nature, Place, Mobilities and Bodies*, Farnham-UK, Burlington-USA, Ashgate, **2010** ; E. Stratford, *Geographies, Mobilities, and Rhythms over the Life-Course : Adventures in the Interval*, London, Routledge, **2014** ; G. Drevon, *Proposition pour une rythmologie de la mobilité et des sociétés contemporaines*, Neuchâtel, Alphil, **2019** ; V. Amit & N. B. Salazar (eds.), *Pacing Mobilities. Timing, Intensity, Tempo & Duration of Human Movements,* New York/Oxford, Berghahn, **2020** ; J. Larsen, *Urban Marathons : Rhythms, Places, Mobilities*, London & New York, Routledge, **2021** ; V. Kaufmann & G. Drevon, « Introducing Rhythmology in Mobility Studies », *Mobility Studies. Sustainability*, n°14, 10356, **2022**.

Histoire générale

A. Maillard, « Les temps de l'historien et du sociologue. Retour sur la dispute Braudel-Gurvitch », *Cahiers internationaux de Sociologie*, vol. XIX, **2005**, pp. 197-222 ; P. Michon, « Rythme et histoire : une introduction », https://www.rhuthmos.eu/spip.php?article773, **2012** ; Z. Tchekantseva, « Historical event and time in the context of "rhythmic paradigm" », *Диалог со временем – Dialogue with time.* Intellectual history review, n° 49, **2014**, pp. 14-27 et https://www.rhuthmos.eu/spip.php?article1685 ; E. André, C. Coquio et P. Savy (dir.), *Écrire l'histoire.Accélérations*, Paris, CNRS Editions, **2016** ; P. Michon, *Individu et sujet en Occident. Pour une anthropologie historique rhuthmique*, Paris, Rhuthmos, **2024** – On peut citer ici également, même si le rythme n'y est pas thématisé, le travail novateur de Bernard Lepetit qui cherchait à se libérer des modèles méthodologiques holistes et quantitatifs qui avaient dominé la pratique historique en France depuis les années 1940, et affrontait la question centrale des manières de fluer du social, de la société globale mais aussi et surtout des groupes qu'elle contient : B. Lepetit (dir.), *Les formes de l'expérience. Une autre histoire sociale*, Paris, Albin Michel, **1995.**

Préhistoire

P. et A.-M. Pétrequin, « Les rythmes du feu – Néolithique, 3700-2400 av. J.-C. », *Terrain*, n° 19, **1992**, pp. 39-48.

Études grecques et latines

H. G. Liddell & R. Scott, « Rhuthmos », *A Greek-English Lexicon*, rev. and aug. by Sir H. S. Jones. with the ass. of R. McKenzie, Oxford, Clarendon Press, et https://www.rhuthmos.eu/spip.php?article1194, **[1940]**, 2017 ; S. Mouraviev, « The Hidden Patterns of the Logos, Poetic Form and Philosophical Content in Heraclitus », K. I. Boudouris (ed.), *The Philosophy of Logos*, Intern. Center for Greek Philosophy and Culture, Athens, **1996**, pp. 149-168 ; B. Sève, « Sur la seconde cause naturelle de l'art poétique chez Aristote », *Cahiers philosophiques*, mars **2000**, n° 82, pp. 5-22 ; A. M. Mesturini, *Rhythmos : percorsi (alternativi) della tradizione classica*, Genova, Univ. di Genova, **2001** ; M. Steinrück & A. Lukinovich, *À quoi sert la métrique ? Interprétation littéraire et analyse des formes métriques grecques : une introduction*, Grenoble, Jérôme Millon, **2007** ; K. Hope, « Rhythmos & Symmetria », *Blog What do I know*, **2007** ; L. Mancini, « La rappresentazione della danza e del movimento ritmico nell'arte Greca », https://www.rhuthmos.eu/spip.php?article152, **2004** ; W. Stroh, *La puissance du discours. Une histoire de la rhétorique dans la Grèce antique et à Rome* **[2009]**, Paris, Les Belles Lettres, 2010 ; S. Klimis, « La musicalité sémantique du penser-poème grec. Pour une eidétique du *prattein-poiein* dans le langage », P. Caumières *et al.* (éd.), *Castoriadis et les Grecs, Cahiers*

Castoriadis n° 5, Presses univ. Saint-Louis, Bruxelles, **2010**, pp. 173-244 ; M. Formarier, « Rythme et persuasion chez Cicéron – Qu'est-ce que le rythme latin ? », et « Rythme et persuasion chez Cicéron – Le *numerus* dans la parole persuasive », https://www.rhuthmos.eu/spip.php?article251, **2011** ; –, « De ῥυθμός à *numerus* », https://www.rhuthmos.eu/spip.php?article750, **2012** ; –, « Rythme, plaisir de l'écoute et conversion chez Augustin », https://www.rhuthmos.eu/spip.php?article721, **2012** ; P. Jouët, *Études de symbolique celtique. Rythmes et nombres*, Rennes, Label Ln, **2012** ; M. S. Williams, « Hymns as Acclamations: The case of Ambrose of Milan », *Journal of Late Antiquity*, vol. 6, n° 1, **2013**, pp. 108-134 ; M. Formarier, *Entre rhétorique et musique. Essai sur le rythme latin antique et médiéval*, Turnhout, Brepols, **2014** ; C. Placial, « Sur la traduction de l'*Iliade* par Jean-Louis Backès », *Langues de feu – les traducteurs et l'esprit des langues. Tours de Babel et glossolalies*, **2014** ; J. Darriulat, « Commentaire du livre III de la *République* de Platon », [sur la poésie, la musique et la gymnastique] http://www.jdarriulat.net/Auteurs/Platon/Republique/Rep3.html, **2015** ; L. Calvié, « La tradition indirecte des Ῥυθμικὰ στοιχεῖα d'Aristoxène de Tarente : citations, extraits, paraphrases, résumés, remaniements et suppléments », https://www.rhuthmos.eu/spip.php?article2137, **[2017]**, 2018 ; –, « Martianus Capella a-t-il traduit le traité de rythmique d'Aristide Quintilien ? », *Rursus. Poiétique, réception et réécriture des textes antiques*, n° 10, **2017** ; M. Banniard, « La notion de frontière de vers et ses métamorphoses du vers métrique au vers rythmique latin et roman », D. James-Raoul & F. Laurent (dir.), *Poétiques de l'octosyllabe*, Paris, Honoré Champion, **2018**, pp. 43-58 ; S. A. Klavan, *Music in Ancient Greece : Melody, Rhythm and Life*, London, Bloomsbury, **2021** ; W. Sonntagbauer, *Vom Tanzen der Delphine : Rhythmus und Proportion als Ausdruck antiker "Seelenlehre" und frühen menschlichen Denkens und Schaffens*, Hildesheim, Georg Olms, **2021**.

Histoire médiévale

F. Pomel (dir.), *Cloches et horloges dans les textes médiévaux. Mesurer et maîtriser le temps*, Rennes, PUR, **2012** ; M. Formarier & J.-C. Schmitt (éd.), *Rythmes et croyances au Moyen Âge*, Bordeaux, Ausonius, **2013** ; M. Formarier, « Dynamique verbale et segmentation rythmique dans la *lectio cum cantico* de Daniel. Analyse comparative de la version milanaise et de la version bénéventaine », https://www.rhuthmos.eu/spip.php?article867, **2013** ; V. Valiavitcharska, *Rhetoric and Rhythm in Byzantium : The Sound of Persuasion*, Cambridge, Cambridge Univ. Press, **2013** ; J. Landau, *De rythme & de raison. Lecture croisée de deux traités persans du XIIIe siècle*, Paris, Presses de la Sorbonne nouvelle, **2013** ; M. Formarier, « Représenter et persuader dans la rhétorique exemplaire cistercienne (1150-1250), Projet de recherche », https://www. rhuthmos.eu/spip.php?article1227, **2014** ; M. Formarier, *Entre rhétorique et musique. Essai sur le rythme latin antique et médiéval*, Turnhout, Brepols, **2014** ; J.-C. Schmitt, « De l'usage des rythmes en histoire médiévale », *Ménestrel.fr*, 2015 et https://www.rhuthmos.eu/spip.php?article1672, **2015** ; –, *Les Rythmes au Moyen Âge*, Paris, Gallimard, **2016**.

Histoire moderne et contemporaine

O. Zeller, « Les rythmes urbains (XVe-XIXe siècles) », *Cahiers d'histoire*, n° 43-1, **1998** et https://www.rhuthmos.eu/spip.php?article373 ; S. Delattre, *Les Douze Heures noires : La Nuit à Paris au XIXe siècle*, Paris, Albin Michel, **2004** ; R. von Malinckrodt (dir.), *Bewegtes Leben. Körpertechniken in der Frühen Neuzeit*, Wolfenbüttel, Herzog August Bibliothek, **2008** ; A. Cabantous, *Histoire de la nuit. XVIIe et XVIIIe siècle*, Paris, Fayard, **2009** ; J.-C. Schmitt, *L'Invention de l'anniversaire*, Paris, Arkhè, **2010** ; S. Chiffoleau, « Fragments temporels du monde arabe : introduction », *Temporalités*, n° 15, **2012** ; M. Korczynski *et al., Rhythms of Labour :*

Music at Work in Britain, Cambridge, Cambridge Uni. Press, **2013** ; S. Chiffoleau (dir.), Dossier : « Les empreintes du temps. Calendriers et rythmes sociaux », *Revue des Mondes musulmans et de la Méditerranée*, n° 136, **2014**, pp. 13-183 ; C. Maitte & D. Terrier (dir.), *Les temps du travail. Normes, pratiques, évolutions (XIVe-XIXe siècle)*, Rennes, PUR, **2014** ; L. Vidal, *Les hommes lents. Résister à la modernité, XVe-XXe siècle*, Paris, Flammarion, **2020** ; D. M. Henkin, *The Week : A History of the Unnatural Rhythms That Made Us Who We Are*, New Haven, Yale Univ. Press, **2021** ; L. Vidal, *Villes et histoire au Brésil. Essais de rythmanalyse*, Rennes, PUR, **2023**.

Histoire de la grande vague rythmique de la fin du XIXe et de la première moitié du XXe siècle[1]

A. Rabinbach, *The Human Motor. Energy, Fatigue, and the Origins of Modernity*, Berkeley, Univ. of California Press, **1990**, trad. fr., 2004 ; M. Golston, « "Im Anfang war der Rhythmus" : Rhythmic Incubations in Discourses of Mind, Body, and Race from 1850-1944 », *Stanford Humanities Review*, vol. 5, supplement : Cultural and Technological Incubations of Fascism, **1996** ; P. Michon, « Arythmie et capitalisme » [sur Simmel], https://www.rhuthmos.eu/spip.php?article651, **[2005]** 2017 ; –, « La mécanisation capitaliste des corps selon Siegfried Kracauer », https://www.rhuthmos.eu/spip.php?article1739, **[2005]** 2017 ; –, « Les appareils et les mutations de l'expérience – Walter Benjamin », https://www.rhuthmos.eu/spip.php?article1141, **[2005]**, 2014 ; M. Gubser, *Time's Visible Surface : Alois Riegl and the Discourse on History and Temporality in Fin-de-Siècle Vienna*, Detroit, Wayne State Univ. Press, **2006** ; V. Senti-Schmidlin, *Rhythmus und Tanz in der Malerei : Zur Bewegungs-ästhetik im Werk von Ferdinand Hodler und Ludwig von*

1. Voir aussi les références classées dans les sections « Histoire de la danse », « Histoire du cinéma » et « Sociologie ».

Hofmann, Olms Georg, **2007** ; C. S. Ackley (Ed.), *British Prints from the Machine Age : Rhythms of Modern Life 1914-1939*, London, Thames & Hudson Ltd, **2009** ; I. Baxmann, « Utopies du travail heureux au début du XXe siècle », https://www.rhuthmos.eu/spip.php?article643, **[2009]**, 2016; G. Vasold, « Optique ou haptique : le rythme dans les études sur l'art au début du XXe siècle », M. Cowan & L. Guido (ed.), Dossier « Rhythmer », *Intermédialités. Histoire et théorie des arts, des lettres et des techniques*, n° 16, Montréal, **2010**, p. 35-55 ; O. Hanse, « À la recherche du "travail joyeux". La théorie de Karl Bücher et son influence sur le "mouvement du rythme" », *Le Texte et l'Idée*, n° 24, **2010**, pp. 69-89 ; G. Simmel, « La signification de l'argent pour le rythme de vie [*das Tempo des Leben*] », [1897-1900], *Trivium*, n° 9, **2011** ; M. Cowan, *Technology's Pulse. Essays on Rhythm in German Modernism* **[2011]**, Paris, Rhuthmos, 2018 ; O. Hanse, *À l'école du rythme... Utopies communautaires allemandes autour de 1900*, Saint-Étienne, PUSE, **2011** ; M. Cowan, *Technology's Pulse. Essays on Rhythm in German Modernism*, **[2012]**, Paris, Rhuthmos, 2018 ; R. Konersmann & D. Westerkamp (Hrsg), « Rhythmus und Moderne » in *Zeitschrift für Kulturphilosophie*, Hamburg, Felix Meiner Verlag, **2013** ; M. Cluet & C. Repussard (Hrg.), *Lebensreform. Die soziale Dynamik der politischen Ohnmacht*, Tübingen, Narr Francke Attempto Verlag, **2013** ; G. Thiériot, « Drame et rythmicité. Comment les nazis traduisent un mythe en mouvement », https://www.rhuthmos.eu/spip.php?article495, **2014** ; C. Kuschnig & A. Pellois (dir.), *Le rythme, une révolution ! Émile Jaques-Dalcroze à Hellerau*, Genève, Slatkine, **2015** ; R. M. Brain, *The Pulse of Modernism : Physiological Aesthetics in Fin-de-Siècle Europe*, Seattle, Univ. of Washington Press, **2015** ; M. Salgaro & M. Vangi (Hrsg.), *Mythos Rhythmus. Wissenschaft, Kunst und Literatur um 1900*, Stuttgart, Franz Steiner Verlag, **2015** ; O. Hanse, « Rythme et mesure chez Ludwig Klages (1872-1956) avec un extrait de *La Nature du rythme* », https://www.rhuthmos.eu/spip.php?article636, **2016** ; –,

« Entre "réforme de la vie", culture physique et néovitalisme : Rythme et civilisation autour de 1900 », https://www.rhuthmos. eu/spip.php?article132, **2017** ; –, « Utopies rythmiques au début du XXe siècle allemand : le rythme comme ciment social et comme remède au morcellement des sciences », https://www.rhuthmos.eu/ spip.php?article612, **2017** ; G. Gilloch, « Rythmes, ornements et masses : Siegfried Kracauer et l'orchestration du pouvoir », *Germanica*, n° 66, **2020**, pp. 85-100 ; C. Maitte & D. Terrier, *Les rythmes du labeur. Enquête sur le temps de travail en Europe occidentale. XV-XIXe siècles*, Paris, La Dispute, **2020** ; B. Glaser, *Modernism's Metronome : Meter and Twentieth-Century Poetics*, Baltimore, Johns Hopkins Univ. Press, **2020** ; B. R. Gibhardt, *Einzige Welle, allmähliches Meer : Rhythmus in Literatur und Kunst um 1900. West - Ost*, Wallstein Verlag, **2021** ; L. Marcus, *Rhythmical Subjects. The Measures of the Modern*, Oxford, Oxford Univ. Press, **2023**.

Sociologie[1]

A. Lasen, *Le Temps des jeunes. Rythmes, durée et virtualités*, Paris, L'Harmattan, **2001** ; S. Volkoff, « La réduction du temps de travail : quels enjeux pour la santé des salariés âgés ? », *Perspectives interdisciplinaires sur le travail et la santé*, n° 4-1, **2002** ; E. Zerubavel, *Time Maps. Collective Memory and the Social Shape of the Past*, Chicago-London, The Univ. of Chicago Press, **2003** ; H. de Jouvenel (dir.), « L'emploi du temps. L'évolution comparée des usages du temps. La désynchronisation des temps sociaux. La répartition sexuelle des tâches », *Futuribles. Analyse et Prospective.* n° 285, Paris, **2003** ; P. Martinot-Lagarde (dir.), dossier « Rythmes et temps collectifs », *Projet* n° 273, Paris, **2003** ; F. Ascher et F. Godard (dir.), *Modernité. La nouvelle carte du temps. Colloque de Cerisy*, La Tour

---

1. Voir aussi les références données plus haut dans la section 1 de ce chapitre.

d'Aigues, Éd. de l'Aube, **2003** ; J.-Y. Boulin *et al.*, « Dossier Rythmes et temps collectifs », *Projet*, n° 273, Paris, **2003** ; J.-Y. Boulin *et al.*, « Les usages du temps », *Futuribles*, n° 285, Paris, avril **2003** ; F. Godard, « Cessons d'opposer temps individuels et temps collectifs », *Projet*, n° 273, **2003**, pp. 35-42 ; –, « Les temps du quotidien », L. Vodoz & C. Jemelin (dir.), *Les territoires de la mobilité : l'aire du temps*, Lausanne, PPUR, **2004**, pp. 43-56 ; B. Mabilon-Bonfils (dir.), *La fête techno. Tout seul et tous ensemble.* Paris, Autrement, **2004** ; M. I. Cunha, « El tiempo que no cesa. La erosión de la frontera carcelaria », *Renglones*, n° 58-59, **2005** ; H. Rosa, *Accélération. Une critique sociale du temps* [**2005**], Paris, La Découverte, 2010 ; P. Michon, « Arythmie et capitalisme – Georg Simmel », https://www.rhuthmos.eu/spip.php?article129, [**2005**], 2010 ; –, « Arythmie et médias – Gabriel Tarde », https://www. rhuthmos.eu/spip.php?article127, [**2005**], 2010 ; –, « La mécanisation capitaliste des corps selon Siegfried Kracauer », https://www. rhuthmos.eu/spip.php?article507, [**2005**], 2012 ; –, « Les appareils et les mutations de l'expérience – Walter Benjamin », https://www. rhuthmos.eu/spip. php?article1142, [**2005**], 2014 ; A. Maillard, « Les temps de l'historien et du sociologue. Retour sur la dispute Braudel-Gurvitch », *Cahiers internationaux de Sociologie*, vol. 19, **2005**, pp. 197-222 ; F. Crespi (dir.), *Tempo vola. L'esperienza del tempo nella società contemporanea*, Bologna, Il Mulino, **2005** ; S. Tabboni, *Les Temps sociaux*, Paris, Armand Colin, **2006** ; F. Godard, « Les mobilités du "vivre libres ensemble", Déterminants et contraintes », *Informations sociales*, n° 130, **2006**, pp. 60-71 ; –, « Vie publique et vie privée : de nouveaux régimes temporels », *Réseaux*, n° 140, **2007**, pp. 29-65 ; K. Goonewardena, S. Kipfer, R. Milgrom, & C. Schmid (ed.), *Space, Difference, Everyday Life : Reading Henri Lefebvre*, New York, Routledge, **2008** ; G. Gasparini , *Tempi e ritmi nella società del Duemila*, Milano, FrancoAngeli, **2009** ; B. Vogel, « Die Rhythmen des Sozialen », *Die Wochenzeitung*, n° 10, **2009** ; M. Breviglieri, « L' "épuisement capacitaire" du sans-abri comme urgence ?

Approche phénoménologique du soin engagé dans l'aide sociale (gestes, rythmes et tonalités d'humeur) », C. Felix & J. Tardif (éd.), *Actes éducatifs et de soins, entre éthique et gouvernance*, Actes du colloque inter., Nice 4-5 juin **2009** ; E. Gardella, « Au rythme de l'accompagnement. L'expérience éthique du travail de rue dans l'urgence sociale », C. Felix & J. Tardif (éd.), *Actes du colloque international « Actes éducatifs et de soins, entre éthique et gouvernance »* – Nice 4-5 juin, **2009** ; I. Baxmann *et al.*, *Arbeit und Rhythmus – Lebensformen im Wandel*, Paderborn, Wilhelm Fink Verlag, **2009** ; Y. Citton, « Improvisation, rythmes et mondialisation. Quatorze thèses sur la fluidification sociale et les résistances idior-rythmiques », *Textuel* n° 60, **2010**, pp. 127-146 ; M. Becker & R. Krätschmer-Hahn (Hgbr), *Fundamente sozialen Zusammenhalts : Mechanismen und Strukturen gesellschaftlicher Prozesse*, Frankfurt am Main, Campus Verlag, **2010** ; B. Pradel, « Le rythme : une question de recherche urbaine », https://www. rhuthmos.eu/spip.php?article460, **2010** ; R. Sobral Cunha, *O essencial sobre ritmanálise*, Lisboa, Imprensa Nacional Casa da Moeda, **2010** ; G. Gasparini *et al.*, « *Tempo, Ritmo e...* Workshop multidisciplinare a più voci », *NewsMAGAZINE*, n° 18, **2010** ; A.-M. Fixot, « Le don est un rythme... À la rencontre de Marcel Mauss et d'Henri Lefebvre », https://www.rhuthmos.eu/spip.php?article223, **2010** ; V. Carayol & A. Bouldoires (dir.), *Discordance des temps. Rythmes, temporalités, urgence à l'ère de la globalisation de la communication*, Bordeaux, Maison des sciences de l'homme d'Aquitaine, **2011** ; C. Leccardi, « Accélération du temps, crise du futur, crise de la politique », *Temporalités. Revue de sciences sociales et humaines*, n° 13, **2011** ; L. Ricroch & B. Roumie, « Depuis 11 ans, moins de tâches ména-gères, plus d'Internet », *INSEE Première*, n° 1377, **2011** ; Y. Citton (dir.), Dossier « Rythmanalyses », *Multitudes*, n° 46, Paris, **2011** ; B. Fernandez, « Le temps de l'individuation sociale », *Revue du MAUSS*, n° 38, **2011**, pp. 339-348 ; J. Birnbaum (dir.), *Où est passé le temps ?* Paris, Gallimard, coll. Folio, **2012** ; M. Jäckel, *Zeitzeichen.*

Einblicke in den Rhythmus der Gesellschaft **[2012]**, Weinheim, Beltz Juventa, 2024; Y. Chen, «Playing the jigsaw : senses of rhythms and rhythms of the senses», *Free Associations : Psychoanalysis and Culture, Media, Groups Politics*, n° 63, **2012** ; P. Zarifian, *Sociologie du devenir. Éléments d'une sociologie générale*, Paris, L'Harmattan, **2012** ; B. Pradel, «Cessons d'opposer rythmes individuels et rythmes collectifs», https://www.rhuthmos.eu/spip.php?article733, **2012** ; C. Revol, «Rue Rambuteau Today : Rhythmanalysis in Practice», https://www.rhuthmos.eu/spip.php?article549, **2012** ; P. Michon, «Alberto Melucci ou la redécouverte des rythmes à la fin des années 1990», https://www.rhuthmos.eu/spip.php?article1025, **2013** ; J. Pourias, «Du temps cyclique au temps linéaire : l'entrée de la paysannerie dans la modernité», *AgriUrbain. Veille scientifique sur la recherche et les projets en agriculture urbaine*, **2013** ; E. Autant, «Le rythme des relations sociales», https://www.rhuthmos.eu/spip.php?article988, **2013** ; R. Bouchareb, «Une jeunesse féminine face au temps marchand. Contraintes du travail à temps partiel et évolutions du rapport à une disponibilité temporelle flexible», *SociologieS*, **2013** ; S. Menétrey & S. Szerman, *Slow attitude ! Oser ralentir pour mieux vivre*, Paris, Armand Colin, **2013** ; B. M. Pirani & T. S. Smith (ed.), *Body and Time : Bodily Rhythms and Social Synchronism in the Digital Media Society*, Cambridge, Cambridge Scholars Publishing, **2013** ; C. Bouton, *Le Temps de l'urgence*, Paris, Le Bord de l'eau, **2013** ; P. Michon, «Christophe Bouton, *Le Temps de l'urgence*», https://www.rhuthmos.eu/spip.php?article972, **2013** ; –, «Sur les rythmes de nos vies : une approche multiscalaire», https://www.rhuthmos.eu/spip.php?article1375, **2013** ; –, «Que penser et que faire des nouveaux rythmes de nos vies ?», https://www.rhuthmos.eu/spip.php?article1327, **2014** ; –, «Rythme et sociologie : une introduction», S. Monchatre & B. Woehl (dir.), *Temps de travail et Travail du temps*, Paris, Publications de la Sorbonne, **2014**, pp. 41-60 et https://www.rhuthmos.eu/spip.php?article689 ; E. Gardella, «L'urgence comme chronopolitique. Le cas de l'hébergement des sans-abri », *Temporalités*, n° 19, **2014** ; M. Somers & F. Block, « The Return of Karl Polanyi », *Dissent*, Spring **2014** ; M. Burawoy, « La sociologie contre le marché », R. Brym (ed.), *New Society*, Scarborough, Nelson Education, **2014** ; M. S. Archer (ed.), *Late Modernity: Trajectories towards Morphogenetic Society*, Heidelberg-New York-London, Springer, **2014** ; S. Monchatre & B. Woehl (dir.), *Temps de travail et travail du temps*, Paris, Publications de la Sorbonne, **2014** ; C. Revol, « La rythmanalyse lefebvrienne des temps et espaces sociaux, Ébauche d'une pratique rythmanalytique aux visées esthétiques et éthiques », https://www.rhuthmos.eu/spip.php?article1102, **2014** ; C. Maitte & D. Terrier (dir.), *Les temps du travail. Normes, pratiques, évolutions (XIVe-XIXe siècle)*, Rennes, PUR, **2014** ; P. Wöckel, *Die "Beschleunigte Gesellschaft": Wie wir als Schöpfer der Zeit zu ihrem Opfer werden*, Hamburg, Diplomica Verlag, **2014** ; D. Bakaert, « Tempus fugit, saison 1 – épisode 1 : la longue-vue », *Premier mardi – Bibliothèque Sainte-Barbe*, **2015** ; D. Lyon, « Doing audio-visual montage to explore time and space : The everyday rhythms of Billingsgate Fish Market », *Sociological Research Online*, n° 21/3, **2016** ; B. Pradel, « Mobilité, célérité et société. Essai de rythmanalyse sur la polychronie sociale », https://www.rhuthmos.eu/spip.php? article1746, **2016** ; Y. Chen, *Practising Rhythmanalysis. Theories and Methodologies*, Lanham (Ma), Rowman & Littlefield International, **2016** ; S. Blue, « Institutional rhythms: Combining practice theory and rhythmanalysis to conceptualise processes of institutionalisation », *Time and Society*, n° 0 (0), **2017**, pp. 1-29 ; E. Gardella, « Sociologie de la réflexivité dans la relation d'assistance. Le cas de l'urgence sociale », *Sociologie du travail*, vol. 59, n° 3, **2017** ; J.-Y. Boulin & L. Lesnard, *Les batailles du dimanche*, Paris, PUF, **2017** ; D. Lorenz, C. Nguirane, S. Porcheron, (dir.), *Rythmes, espaces, sociétés*, Limoges, Presses univ. de Limoges et du Limousin, **2018** ; D. Lyon, *What is Rhythmanalysis ?*, London-New York, Bloomsbury Academic, **2018** ; S. Schmolinsky,

D. Hitzke, H. Stahl (Hrsg.), *Taktungen und Rhythmen: Raumzeitliche Perspektiven interdisziplinär*, Berlin / Boston, De Gruyter Oldenburg, **2018** ; N. Aubert, @ *La recherche du temps. Individus hyperconnectés, société accélérée : tensions et transformations*, Toulouse, Eres, **2018** ; P. Michon, « Henri Lefebvre's Rhythmanalysis of Everyday Life and Space », https://www.rhuthmos.eu/spip.php?article2479, **2019** ; C. Revol, « Henri Lefebvre's rhythmanalysis as a form of urban poetics », O. Leary-Owhin, E. Michael & J. P. McCarthy (ed.), *The Routledge Handbook of Henri Lefebvre, the City and Urban Society*, Routledge, **2020** ; G. Iparraguirre, « Cultural Rhythmics Inside Academic Temporalities », P. Vostal (ed.), *Inquiring into Academic Timescapes*, Bingley, Emerald Publishing Limited, **2021**, pp. 59-72 ; B. Pradel, « Habiter l'absence : une question de rythmes », https://www.rhuthmos.eu/spip.php?article2711, **2021** ; P. Vostal (ed.), *Inquiring into Academic Timescapes*, Bingley, Emerald Publishing Limited, **2021** ; S. Le Roulley, *Introduction à la sociologie d'Henri Lefebvre*, Paris, Le Bord de l'eau, **2021** ; D. Lyon (ed.) *Rhythmanalysis: Place, Mobility, Disruption and Performance*, Research in Urban Soci., Bingley, UK, Emerald Publishing, **2022** ; L. Verchère, « Benjamin Pradel, l'homme qui souffle les temporalités à l'oreille des architectes ! », *Tempoterritorial.fr*, **2022** ; F. Martins & M. Moreaux, « Préface à l'édition brésilienne des *Éléments de rythmanalyse : introduction à la connaissance des rythmes* d'Henri Lefebvre », https://www. rhuthmos.eu/spip.php?article2853, **2022.**

Psychologie sociale

R. Levine, *A Geography of Time. The Temporal Misadventure of a Social Psychologist* **[1997]**, Oxford, Oneworld, 2006 ; P. Leconte, *Chronopsychologie : rythmes et activites humaines*, Lille, Les presses du septentrion, **1998** ; M. Bonnet, *Des manières d'exister et de se déplacer. Les rythmes de vie des citadins. Éclairages anthropologiques*, Paris, L'Harmattan, **2017.**

Psychanalyse, psychiatrie et psychothérapie

A. Courtois, « Le temps familial, une question de rythmes ? Réflexions épistémologiques et cliniques », *Thérapie familiale*, Genève, **2002**, vol. 23, n° 1, pp. 21-34 ; P. Michon, « Le rythme des frères », https://www.rhuthmos.eu/spip.php?article123, **[2005]**, 2010 ; –, « Le rythme a-t-il des sources biologiques ? », https://www.rhuthmos. eu/spip.php?article121, **[2005]**, 2010 ; –, « Les rythmes de l'appareil psychique », https://www.rhuthmos.eu/spip.php?article122, **[2005]**, 2010 ; –, « Y a-t-il un rythme des masses ? », https://www.rhuthmos. eu/spip.php?article63, **[2005]**, 2010 ; M. Schwob, *Les Rythmes du corps. Alimentation, sommeil, santé*, Paris, Odile Jacob, **2007** ; G. H. C. Shen, L. B. Alloy, L. Y. Abramson & L. G. Sylvia, « Social rhythm regularity and the onset of affective episodes in bipolar spectrum individuals », *Bipolar Disorders*, Vol. 10, 4, **2008**, pp. 520-529 ; H. Bentata, « Pulsion invocante, voix, rythme et *baby blues* », https:// www.rhuthmos.eu/spip.php?article813, **[2011]**, 2013 ; J. Larue-Tondeur, « Le rythme à l'articulation de la psychanalyse et de la linguistique », https://www.rhuthmos.eu/spip.php?article 429, **2011** ; S. Delpuch, « La désaddiction comme phénomène rythmique », https://www. rhuthmos.eu/spip.php?article1070, **2014** ; D. Sement, « Trouble du rythme chez un patient schizophrène », https://www.rhuthmos.eu/ spip.php?article1931, **2017** ; J. Gomar, « Rythme et psychose infantile », *Topique*, n° 139, **2017**, pp. 131-144 ; H.-P. Kolb, *Rhythmus, Intuition und Liebe : Die Rolle der Körperlichkeit und das Problem des Mensch-Seins*, Books on Demand, **2018** ; S. Lippi, *Rythme et Mélancolie*, Toulouse, Érès, **2019** ; V. Guerra, *Rythme et intersubjectivité chez le bébé*, Paris, Erès, **2019** ; S. Knoblauch, *Bodies and Social Rhythms : Navigating Unconscious Vulnerability and Emotional Fluidity*, London & New York, Routledge, **2020** ; G. W. Baumhof, *Fürs Feiern eine Zeit : Rhythmus und Kairos in Tag, Woche und Jahr*, Books on Demand, **2021** ; J. Datema & A. Voela (eds.), *Movement, Velocity, and Rhythm from a Psychoanalytic*

Perspective: Variable Speed(s), London and New York, Routledge, **2022** ; M. Dugnat, N. Dugnat-Collomb & F. Poinso (dir.), *Temps et rythmes en périnatalité*, Toulouse, Érès, **2022**.

Anthropologie

F. Laplantine, *Le Social et le Sensible. Introduction à une anthropologie modale*, Paris, Téraèdre, **2005** ; A. Bidet, « Le corps, le rythme et l'esthétique sociale chez Leroi-Gourhan », *Techniques & Culture*, n° 48-49, **2007** ; P. Michon, *Marcel Mauss retrouvé. Origines de l'anthropologie du rythme*, Paris, Rhuthmos, **2010** ; M. I. Cunha, « Une prison à l'épreuve du temps. Temporalités carcérales d'hier et d'aujourd'hui », S. Humbert, N. Derasse & J.-P. Royer (dir.), *La prison, du temps passé au temps dépassé*, Paris, L'Harmattan, **2012**, pp. 143-153 ; L. Garrabé, « La créolisation à l'œuvre dans une pratique musicale brésilienne : rythmicité, diversité, relation », *Parcours anthropologiques*, n° 8, **2012**, pp. 148-177 ; L. Garrabé, « L'étude des pratiques performatives au prisme d'une anthropologie de l'esthétique », ver. port. *Revista Brasileira de Estudos da Presença*, n° 2(1), **2012**, pp. 54-77 et ver. fr. https://www.rhuthmos.eu/spip.php?article1200 ; S. Archambault de Beaune, « Esthétique du geste technique », *Gradhiva*, **2013**, n° 17, pp. 4-25 ; J. Cuisenier, « Le corps, le rythme, les rites », [Vidéo]. *Changements institutionnels, risques et vulnérabilités sociales 2012-2013*. Canal-U, https://doi.org/10.60527/wbv1-es42, **2013** ; C. Bassetti & E. Bottazzi, « Rhythm in social interaction – Introduction », *Etnografia e Ricerca Qualitativa*, vol. 8, n° 3, Decembre **2015** ; A. Jaspart, *Aux rythmes de l'enfermement. Enquête ethnographique en institution pour jeunes délinquants*, Bruxelles, Emile Bruylant, coll. « Galets rouges », **2015** ; G. Iparraguirre, « Time, temporality and cultural rhythmics : An anthropological case study », *Time & Society*, vol. 25-3, **2016**, pp. 613-633 ; V. Amit & N. B. Salazar (eds.), *Pacing Mobilities. Timing, Intensity, Tempo & Duration of Human Movements*, New York/

Oxford, Berghahn, **2020** ; P. Michon, *Individu et sujet en Occident. Pour une anthropologie historique rhuthmique*, Paris, Rhuthmos, **2024**.

Théorie du langage, linguistique, sémiotique

L. Bourassa, « Du signe à l'articulation : Hegel, Humboldt, Mallarmé », B. Lindorfer & D. Naguschewski (dir.), *Hegel. Zur Sprache. Beiträge zur europäischen Sprachreflexion*, Tübingen, Gunter Narr Verlag, **2002** ; D. Legallois, « Essai sur la temporalité et le rythme du signe linguistique », *Langages*, n° 150, Paris, Larousse, **2003** ; M. Bigot, « Rythme syntaxique et rythme textuel », https://www.rhuthmos.eu/spip.php?article207, **2010** ; L. Bourassa, « Articulation et rythme : matière, pensée et création dans le discours », *Intermédialités – Intermediality,* Rythmer, n° 16, Automne **2010**, pp. 185-206 ; M. Bigot et P. Sadoulet (dir.), *Rythme, langue, discours*, Limoges, Lambert-Lucas, **2012** ; P. Michon, « Rythme et théorie du langage : une introduction », https://www.rhuthmos.eu/spip.php?article745, **2012** ; M. Chalevelaki, « Effets tensifs et rythmiques dans le défilé de haute couture », *Actes Sémiotiques*, n° 117, **2014** ; P. Michon, « Émile Benveniste and the Notion of *Rhythm* », https://www.rhuthmos.eu/spip.php?article2695, **2021** ; –, « Émile Benveniste and the *Rhuthmoi* of Subjectivity », https://www.rhuthmos.eu/spip.php?article2706, **2021;** –, « Émile Benveniste and the *Rhuthmoi* of Language », https://www.rhuthmos.eu/spip.php?article2700, **2021**.

Sciences de l'information et de la communication

V. Carayol, *Communication organisationnelle. Une perspective allagmatique*, Paris, L'Harmattan, **2004** ; J. Henriques, *Sonic Bodies. Reggae Sound Systems, Performance Techniques, and Ways of Knowing*, New York, Continuum, **2011** ; M. Coeckelbergh, « Money as Medium and Tool : Reading Simmel as a Philosopher of Technology to Understand Contemporary Financial ICTs and

Media », *Techné : Research in Philosophy and Technology*, n° 19:3, **2015**, pp. 358-380 ; M. Fabre, « Vers une nouvelle forme temporelle, la « cénorythmie » ? L'Agence France-Presse sur les réseaux », *Sur le journalisme*, vol. 9, n° 1, https://www.rhuthmos.eu/spip.php?article2643, **2020** ; P. Michon, « Edgar Morin and the *Rhuthmoi* of Information », https://www.rhuthmos.eu/spip. php?article2516, **2020**.

Sciences du management

W. Baets, « Flamenco as an Organizational Metaphor », *Euromed Marseille Working Paper* n° 2, **2007** ; J. Davis, « Cooperation Without Coordination : Influence Dynamics and the Emergence of Synchrony in Inter-Organizational Networks », *MIT Sloan School of Management Working Paper*, http://dspace.mit.edu/handle/1721. 1/66947, **2009** ; C. Borch & K. Hansen & A.-C. Lange, « Markets, bodies, rhythms : a rhythmanalysis of financial markets from open-outcry trading to high-frequency trading », *Environment and Planning* D, n° 33(6), **2015**, pp. 1080-1097.

Sciences politiques

W. Scheuerman, *Liberal Democracy and the Social Acceleration of Time*, Baltimore, Johns Hopkins University Press, **2004** ; W. Scheuerman & H. Rosa, *High-Speed Society : Social Acceleration, Power, and Modernity*, Univ. Park, Pennsylvania State Univ. Press, **2010** ; L. A. Reisch & S. Bietz, *Zeit für Nachhaltigkeit - Zeiten der Transformation : Mit Zeitpolitik gesellschaftliche Veränderungsprozesse steuern*, München, Oekom Verlag, **2014** ; A. Béja & T. Paquot (dir.), dossier « Changer de rythme », *Esprit* n° 410, Paris, **2014** ; G. Orr, *Ritual and Rhythm in Electoral Systems: A Comparative Legal Account*, Abingdon, Routledge, **2015** ; C. Heaney, *Rhythm: New Trajectories in Laws*, Abingdon-on-Thames, Taylor & Francis Ltd, **2022** ; –, *Contemporary Capitalism and Mental*

Health: Rhythms of Everyday Life, Edinburgh, Edinburgh Univ. Press, **2024**.

Économie classique et marxiste

En économie, classique ou marxiste, la notion de rythme s'est rapidement confondue avec celle de cycle ; elle désigne aussi parfois simplement la rapidité de certains phénomènes économiques. Au cours des Trente Glorieuses, l'existence de certains de ces cycles, comme le Kondratieff, a été fortement mise en question. Les idées de cycle et de crise cyclique restent toutefois aujourd'hui parmi les grands acquis du savoir économique et l'on note une reprise assez forte des études mobilisant ces concepts. Parmi beaucoup d'autres, P. Ansart, « La pluralité des temps chez les théoriciens socialistes (1820-1870) », *L'Homme et la Société*, **1988**, vol. 90, n° 90, pp. 15-24 ; F. Louçã, « Ernest Mandel et la pulsation de l'histoire – À propos de *The Long Waves of Capitalist Development* », **2003**, https://www.rhuthmos.eu/spip.php?article516 ; B. Tonglet, « Les cycles Kondratieff : une philosophie critique », *Innovations. Cahiers d'économie de l'innovation*, **2004**/1, n° 19, pp. 9-36 ; J. S. Goldstein, « The Predictive Power of Long Wave Theory, 1989-2004 », T. C. Devezas, (ed.), *Kondratieff Waves, Warfare and World Security*. Amsterdam, IOS, **2006** ; D. Bensaïd, « Marx et les crises », introduction de K. Marx, *Les Crises du capitalisme*, Paris, Demopolis, **2009** ; A. Korotayev et S. Tsirel, « A Spectral Analysis of World GDP Dynamics: Kondratieff Waves, Kuznets Swings, Juglar and Kitchin Cycles in Global Economic Development, and the 2008-2009 Economic Crisis », *Structure and Dynamics*, n° 4(1), **2010** ; L. Frobert, « Préface » in C. Juglar, *Des crises commerciales et de leur retour périodique*, nlle. éd., Lyon, ENS Éditions, **2014** ; J.-Y. Naudet (dir.), *Les rythmes de la vie en société. Entre considérations économiques et respect des réalités sociétales*, Aix-Marseille, Presses Univ. d'Aix-Marseille, **2016** ; P. Dockès, *Le Capitalisme et ses* *rythmes, quatre siècles en perspective. To 1: Sous le regard des géants,* Paris, Classiques Garnier, **2017** ; –, *Le Capitalisme et ses rythmes, quatre siècles en perspective. To. 2 : Splendeurs et misère de la croissance,* Paris, Classiques Garnier, **2019**.

Économie des conventions

Il faut aussi noter, dans l'économie des conventions, le développement des travaux concernant la « viscosité » des prix et des salaires, l'« asymétrie » de l'information ou encore le rôle des « croyances partagées » dans la prise des décisions des agents. Dans tous ces cas, il s'agit de contester le principe néo-classique selon lequel les marchés constitueraient des milieux convoyant l'information – et donc la capacité d'une décision optimale – de manière immédiate, transparente et isotrope. On veut montrer que les décisions sont le plus souvent prises avec un certain retard et que l'information circule entre les agents de manière à la fois inégale et indirecte du fait du rôle déterminant des asymétries et des représentations collectives. Ici encore, bien que les termes de rythme et de *rhuthmos* n'apparaissent pas, on voit en quoi ces préoccupations se rattachent à la question des manières de fluer et de leurs spécificités. Mais un travail de recensement reste à faire.

Sciences de l'éducation

F. Lesourd, « Des temporalités éducatives : une bibliographie », L. Marmoz, & A. Poulnais, (éd.). *Temps, éducation, sociétés,* 2 vol., Univ. de Caen, **1993** ; F. Testu, *Chronopsychologie et rythmes scolaires,* Paris, Masson, **2000** ; F. Lesourd, « Des temporalités éducatives : (1) positions temporelles – (2) rythmes et éducation – (3) du développement – (4) donner forme à son histoire », *Pratiques de formation / Analyses,* n° 51-52, **2006** et https://www.rhuthmos.eu/spip.php?article218 ; J. Ravestein, « Étudier à distance : le problème de l'idiorrythmie », *DistanceS*, vol. 8, n° 2, **2006** ; F. Testu *et al.*, *Rythmes de vie et rythmes scolaires. Aspects chronobiologiques et chronopsychologiques*, Préface d'A. Reinberg, Issy-les-Moulineaux, Elzevier Masson, **2008** ; J. D. Francesch, *Éloge de l'éducation lente*, Chronique sociale, **2011** ; A. Querien, « Rythmes scolaires : permanence et ouvertures d'une grille », Dossier « Rythmanalyses », *Multitudes* n° 46, **2011**, pp. 194-197 ; A. Cavet, « Rythmes scolaires : pour une dynamique nouvelle des temps éducatifs », *Dossier d'actualité de la VST*, n°60, Lyon, INRP, **2011** ; M. Caraglio et C. Vaissade, *Conférence nationale sur les rythmes scolaires. Rapport de synthèse des auditions, des débats en académie et des échanges sur internet*, Paris, Ministère de l'Éducation nationale, **2011** ; M. Alhadeff-Jones, « Apprendre à négocier les rythmes de l'existence : une stratégie d'insertion », https://www.rhuthmos.eu/spip.php?article 582, **2012** ; L. Miramontes & A. Zorrilla, « Dimensiones del Ritmo en la Práctica Académica », https://www.rhuthmos.eu/spip.php? article617, **2012**; C. Vallin & J.-M. Zakhartchouk, (ed.) « Rythmes scolaires : à la recherche du tempo perdu », *Cahiers pédagogiques*, Hors-série numérique, n° 0, **2013** ; P. Roquet, M. J. Gonçalves, L. Roger, A P Viana-Caetano, *Temps, temporalité et complexité dans les activités éducatives et formatives*, Paris, L'Harmattan, **2013** ; M. Alhadeff-Jones, « Method and complexity in educational sciences (Special issue) », *Complicity: An International Journal of Complexity and Education*, n° 10 1/2, **2013** ; –, « Transformative Learning and the Rhythms of Individual and Collective Changes », A. Nicolaides, & D. Holt (eds.), *Spaces of Transformation and Transformation of Space*, New York, Columbia Univ., **2014**, pp. 107-109 ; C. Leconte, *Des rythmes de vie aux rythmes scolaires. Une histoire sans fin*, Villeneuve d'Ascq, Les Presses universitaires du Septentrion, **2014** ; M. Langon, M. Berttolini & I. González, « Análisis de aula : ritmo, concepto, vértigos argumentativos », https://www.rhuthmos.eu/spip.php.article1314, **2014** ; Sylvie P., "(Re) trouver le rythme ? », *Le carnet du CIRPP*, **2015** ;

M. Alhadeff-Jones, *Time and the rhythms of emancipatory education. Rethinking the temporal complexity of self and society*, London, Routledge, **2016** ; J.-C. Poulet, *L'échec de la réforme des rythmes scolaires. Se mobiliser pour une école citoyenne, écologique et coopérative*, Paris, L'Harmattan, **2017** ; J. T. Wozniak, « Towards a rhythmanalysis of debt dressage : Education as rhythmic resistance in everyday indebted life », *Policy Futures in Education*, 0(0), pp. 1-14, **2017** ; M. Alhadeff-Jones,, « Pour une approche rythmologique de la formation », *Education Permanente*, n° 217, pp. 21-32, **2018** ; –, « Pour une conception rythmique des apprentissages transformateurs », *Phronesis*, n° 7(3), **2018**, pp. 43-52 ; F. Dakka & A. Wade, « *Writing Time*: A Rhythmic Analysis of Contemporary Academic Writing », *Higher Education Research & Development*, Volume 38 (1), **2018** ; J. Huisman & M. Tight (ed.), *Theory and Method in Higher Education Research, Vol. 5*, Bingley UK, Emerald Publishing Limited, **2019** ; M. Alhadeff-Jones, « Beyond space and time: Conceiving the rhythmic configurations of adult education through Lefebvre's rhythmanalysis », *Zeitschrift für Weiterbildungsforschung*, vol. 42, pp. 165-181, **2019** ; A. C. Scarfe & V. Petrov (ed.), *Education from a Whiteheadian Point of View : Process, Rhythm, and Poiesis*, Cambridge, Cambridge Scholars Publishing, **2019** ; E. Letertre, « Les rythmes universitaires – Conférence introductive », https://www.rhuthmos.eu/spip.php?article2531, **[2019]**, 2020 ; M. Alhadeff-Jones,« Learning from the whirlpools of existence: Crises and transformative processes as complex and rhythmic phenomena », *European Journal for Research on the Education and Learning of Adults*, n° 12(3), pp. 311-326, **2021** ; L. Marmoz, « La recherche en éducation et le temps », *La Pensée d'Ailleurs*, n° 4, **2022**, pp. 125-144 ; M. Alhadeff-Jones, « Developing rhythmic intelligence: Towards a critical understanding of educational temporalities », *Sisyphus, Journal of Education*, n° 11(1), pp. 10-34, **2023**.

4.3. En ce qui concerne les sciences de la nature, on sait que l'usage du concept de rythme y est déjà ancien, très enraciné, et qu'il ne s'est jamais vraiment démenti au cours du XXe siècle. L'échantillon qui va suivre est, par ailleurs, d'une taille trop limitée, du fait des carences de mon information personnelle, pour pouvoir en tirer des conclusions solides. Il n'en donne pas moins l'impression sinon d'un retour du moins d'une vigueur nouvelle donnée à un intérêt tradition-nel, mêlée par ailleurs – et c'est l'enseignement peut-être le plus intéressant de ces listes – à quelques inno-vations théoriques remarquables. Dans l'ensemble, ces travaux font référence à des définitions métriques (alternance de temps forts et faibles, pulsation) ou néo-métriques du rythme (cycles, oscillations), mais on y trouve aussi, en particulier dans les neurosciences, en éthologie et en écologie, un intérêt tout à fait nouveau pour des phénomènes et du coup des concepts de type *rhuthmique* (manières de fluer).

Histoire et philosophie des sciences

P. Bergé, Y. Pomeau & M. Dubois-Gance, *Des Rythmes au Chaos*, Paris, Odile Jacob, **1997** ; J. Wellmann, *Die Form des Werdens : Eine Kulturgeschichte der Embryologie, 1760-1830*, Göttingen, Wallstein, **2010** ; N. Hopwood, S. Schaffer & J. Secord (ed.), « Seriality and scientific objects in the nineteenth century », *History of Science*, XLVIII, **2010**, pp. 251-285 ; C. Bouriau, C. Châtelain & P. Lombard (dir.), *L'espace et le temps. Approches en philosophie, mathématiques et physique*, Paris, Kimé, **2011** ; P. Pesic, « Thomas Young and Eighteenth Century Tempi », *Performance Pract. Rev.*, n° 18(1), **2013** ; D. J. Nicholson & J. Dupré (ed.), *Everything Flows : Towards a Processual Philosophy of Biology*,

OUP Oxford, Oxford, **2018**; P. Michon, « Michel Serres and the *Rhuthmoi* of the Flow », https://www.rhuthmos.eu/spip.php?article 2486, **2019**; –, « Edgar Morin and the *Rhuthmoi* of Nature », https://www.rhuthmos.eu/spip.php?article 2507, **2020.**

Histoire de la médecine

J. Pigeaud, « Du rythme dans le corps. Quelques notes sur l'interprétation du pouls par le médecin Hérophile », *Bulletin de l'Association Guillaume Budé*, n° 3, **1978**, pp. 258-267; G. B. Scarano, « Sulla Sinopsi dei polsi attribuita a Galeno e a Rufo d'Efeso », *Medicina nei Secoli*, n° 2, **1990**, pp. 93-112; P. R. Fleming, *A Short History of Cardiology*, Amsterdam-Atlanta GA, Rodopi, **1997**; M. Letterio, « La "musica del polso" in alcuni trattati del Quattrocento », C. Casagrande & S. Vecchio (ed.), *Anima e corpo nella cultura medievale*, Firenze, Sismel/Edizioni del Galluzzo, **1999**; P. Van der Eijk, *Diocles of Carystus: A Collection of the Fragments With Translation and Commentary*, Leiden/Boston, Brill, **2000**; D. Bacalexi, « De pulsibus ad tirones. Galien et les médecins débutants : le pouls comme moyen de diagnostic et de pronostic », *Bulletin de l'Association Guillaume Budé*, n° 2, **2001**, pp. 131-152; N. Dos Santos Costa, François-Nicolas Marquet. Sa vie, ses œuvres et ses démêlés tardifs avec le Collège Royal de Médecine de Nancy, Thèse de médecine, Nancy, Univ. Henri Poincaré, **2008**; A. S. Tijsseling & A. Anderson, « Thomas Young's research on fluid transients: 200 years on », CASA Report, Eindhoven, Eindhoven Univ. of Technology, **2008**; K. H. Parker, « A brief history of arterial wave mechanics », *Medical and Biological Engineering and Computing*, vol. 47, n° 2, **2009**, pp. 111-118; E. Marié, *Le diagnostic par les pouls en Chine et en Europe : Une histoire de la sphygmologie des origines au XVIIIe siècle*, Paris, Springer, **2011**; N. Ghasemzadeh & Zafari A. Maziar, « A Brief Journey into the History of the Arterial Pulse », *Cardiology Research and Practice*, **2011**, art. ID 164832; I. Sykes, « The Art of Listening:

Perceiving Pulse in Eighteenth-Century France » *Journal for Eighteeen-Century Studies*, vol. 35, n° 4, **2012**, pp. 473-488 ; –, *Society, Culture and the Auditory Imagination in Modern France: The Humanity of Hearing*, Houndmills, Basingstoke, Hampshire, Palgrave Macmillan, **2015** ; A. de Broca, *Soigner aux rythmes du patient. Les temporalités du soin au XXIe siècle*, Seli Arslan, **2016** ; P. Pesic, « Music, Mechanism, and the "Sonic Turn" in Physical Diagnosis », *Jour. of the Hist. of Medicine and Allied Sciences*, n° 71(2), **2016**, pp. 144-172 ; P. N. Singer, « Galen », *The Stanford Encyclopedia of Philosophy*, **2016**, https://plato.stanford.edu/archives/win2016/entries/galen ; P. Michon, « The Introduction of Rhythm in Life Science and Medicine (4th – 3rd century BC) », https://www.rhuthmos.eu/spip.php?article2124, **2017** ; –, « Rhythm from *Ratio* to *Beat* – Modern Medicine (1540-1628) », https://www.rhuthmos.eu/spip.php?article 2139, **2017** ; –, « Rhythm from *Beat* to *Wave* – Modern Medicine (1707-1894) », https://www. rhuthmos.eu/spip.php?article2140, **2017** ; C. Pennuto, « Pulsations du corps en médecine. Sentir et mesurer par la musique », *Histoire, médecine et santé*, 11, **2017**, pp. 55-76 ; O. Lewis, *Praxagoras of Cos on Arteries, Pulse and Pneuma: Fragments and Interpretation*, Leiden/Boston, Brill, **2017**.

Sciences de la vie

A. Reinberg, *Les rythmes biologiques*, PUF, **1993** ; J. Boissin et B. Canguilhem, *Les rythmes du vivant : origine et contrôle des rythmes biologiques*, Paris, Ed. du CNRS, **1998** ; J. Benveniste, « Comprendre la biologie numérique », *Digibio*, 1998 et https://www.rhuthmos.eu/spip.php?article443 ; A. Reinberg, *Le temps humain et les rythmes biologiques*, Paris, Ed. du Rocher, **1998** ; –, *Nos horloges biologiques sont-elles à l'heure ?*, Paris, Le Pommier, **2005** ; –, « Ai-je découvert quoi que ce soit en chronobiologie ? », *Rythmes*, to. 36, n° 3, **2005**, pp. 65-70 ; A. Goldbeter, *La vie oscillatoire. Au cœur des rythmes du vivant*, Paris, Odile Jacob, **2010** ; M. Coquidé *et al.*, « Espace et temps dans les sciences du vivant :

nouvelles perspectives pour la recherche en didactique », *Recherches en didactique des sciences et des technologies*, n° 4, **2012**, pp. 139-160 ; E. Caldwell, « How Do Cells Tell Time ? Scientists Develop Single-Cell Imaging to Watch the Cell Clock », https://www.rhuthmos.eu/spip.php?article792, **2013** ; P. Michon, « Rhythm as Form of Physiological Process », https://www.rhuthmos.eu/spip.php?article2255, **2018** ; J. Shackelford, *An Introduction to the History of Chronobiology*, 3 vol., Pittsburgh, Univ. of Pittsburgh Press, **2022**.

Neurosciences

F. Varela, « Resonant cell assemblies: a new approach to cognitive functions and neuronal synchrony », *Biol. Res.*, n° 28, **1995**, pp. 81-95 ; F. Varela, « Approches de l'intentionnalité : de l'individu aux groupes sociaux », https://www.rhuthmos.eu/spip.php?article1447, **1996** ; G. M. Edelman & G. Tononi, *A Universe of Consciousness. How Matter Becomes Imagination*, New York, Basic Books, **2000** ; F. Varela, J.-F. Lachaux, E. Rodriguez and J. Martinerie, « The brainweb : phase synchronisation and large scale integration », *Nature Reviews-Neuroscience*, 2, **2001**, pp. 229-238 ; P. Michon, « Les neurosciences face à la question de la pensée. Contribution à l'émergence d'un paradigme rythmique », https://www.rhuthmos.eu/spip.php?article319, **2011** ; –, « Sur la mutation épistémologique en cours dans les neurosciences contemporaines », https://www.rhuthmos.eu/spip.php?article31, **2011** ; *Research News*, « Musical rhythms in the brain , Researchers find neurological notes that help identify how we process music », Max-Planck Gesellschaft, **2015** ; J. Sternheimer, « « La génodique, comment ça marche ? », *Genodics* et https://www.rhuthmos.eu/spip.php?article1567, **2015** ; G. Hickok, « Rhythms of the Brain – It's Not a 'Stream of Consciousness' », *New York Times*, NY, May 10, **2015**, p. SR9 et https://www.rhuthmos.eu/spip.php?article 1537.

Sciences cognitives et psychologie expérimentale

J. Mehler, M. Nespor, F. Ramus, « Correlates of linguistic rhythm in the speech signal », *Cognition*, 73(3), **1999**, pp. 265-292 ; J. Mehler, F. Ramus, « Language identification with suprasegmental cues : A study based on speech resynthesis », *Journal of the Acoustical Society of America*, 105(1), **1999**, pp. 512-521 ; F. Ramus, *Rythme des langues et acquisition du langage*. Thèse de doctorat, Paris, EHESS, **1999** ; F. Ramus *et al.*, « An empirical study of the perception of language rhythm », https://www.rhuthmos.eu/spip.php?article634, **[2000]**, 2012 ; –, « Language discrimination by newborns : Teasing apart phonotactic, rhythmic, and intonational cues », *Annual Review of Language Acquisition*, 2, **2002**, pp. 85-115 ; –, « Acoustic correlates of linguistic rhythm : Perspectives », *Proceedings of Speech Prosody*, Aix-en-Provence, **2002**, pp. 115-120 ; T. Nazzi & F. Ramus, « Perception and acquisition of linguistic rhythm by infants », *Speech Communication* 41(1-2), **2003**, pp. 233-243 ; J. Mehler & M. Nespor, « Linguistic Rhythm and the Acquisition of Language », A. Belletti (ed.), *Structures and Beyond : The Cartography of Syntactic Stuctures*, vol. 3, Oxford, Oxford Univ. Press, **2004** ; M. D. Hauser, J. Mehler, F. Ramus, G. Spaepen, R. Tincoff, F. Tsao, « The role of speech rhythm in language discrimination : Further tests with a nonhuman primate », *Developmental Science*, 8(1), **2005**, pp. 26-35 ; J. E. Roeckelein, « History of Conceptions and Accounts of Time and Early Time Perception Research », S. Grondin, *Psychology of Time*, Emerald Group Publishing, **2008**.

Éthologie

A. Cavagna *et al.*, « Scale-free correlations in starling flocks », *Proceedings of the National Academy of Sciences*, **2010** ; Ornithomedia, « Les vols d'étourneaux fonctionnent comme des systèmes critiques », https://www.ornithomedia.com/pratique/vols-etourneaux-fonctionnent-comme-systemes-critiques-00755/, **2010**.

Écologie

J.-P. Vignal, « Pour l'émergence d'une société humaine apaisée et réconciliée avec sa biosphère », https://www.rhuthmos.eu/spip.php?article172, **2010** ; G. Walker, *Energy and Rhythm: Rhythmanalysis for a Low Carbon Future*, Lanham MD, Rowman & Littlefield International, **2021** ; J. Eklöf, *The Darkness Manifesto : How light pollution threatens the ancient rhythms of life*, Trans. E. DeNorma, London, Bodley Head, **2022**.

3.4. Avec les études littéraires et artistiques, la géographie, l'histoire et la sociologie, la philosophie est la dernière discipline où l'on note un fort regain de l'intérêt pour le rythme depuis les années 1990.

Histoire de la philosophie

L. Pearson, *Elementa Rhythmica. The Fragment of Book II and the Additional Evidence for Aristoxenean Rhythmic Theory*, Oxford, Clarendon Press, **1989** ; F. Bornmann, « Nietzsches metrische Studien », *Nietzsche-Studien*, n° 18, **1989**, pp. 472-489 ; A. Kremer-Marietti, « Rhétorique et rythmique chez Nietzsche », P. Sauvanet & J.-J. Wunenburger (dir.), *Rythmes et Philosophie*, Paris, Kimé, **1996**, pp. 181-195 ; E. During, « Le rythme et la mesure dans l'Esthétique de Hegel », P. Sauvanet & J.-J. Wunenburger (éd.), *Rythmes et philosophie*, Paris, Kimé, **1996**, pp. 163-190 ; G. Whitlock, « Roger Boscovich, Benedict de Spinoza and Friedrich Nietzsche : The Untold Story », *Nietzsche-Studien*, n° 25, **1996**, pp. 200-220 ; –, « Examining *Nietzsche's* 'Time Atom Theory' Fragment from 1873 »,

Nietzsche-Studien, n° 26, **1997**, pp. 350–360 ; L. Daddabbo, *Tempo-corpo. Forme temporali in Michel Foucault*, Napoli, La città del sole, **1999** ; J. I. Porter, « Untimely Meditations : Nietzsche's *Zeitatomistik* in Context », *Journal of Nietzsche Studies*, n° 20, **2000**, pp. 58-81 ; E. Dufour, « La physiologie de la musique chez Nietzsche », *Nietzsche-Studien*, n° 30, **2001**, pp. 222-245 ; P. Sauvanet, « Nietzsche, philosophe-musicien de l'éternel retour », *Archives de Philosophie*, n° 64, **2001**, pp. 343-360 ; C. Nielsen, « Rhythmus. Zum Wesen der Sprache bei Heidegger », *Prolegomena*, n° 2(1), **2003**, pp. 3-17 ; D. Hočevar de Bertelsen, « Filosofía, semiótica, y ritmo », *Dikaiosyne. Revista de filosofía práctica*, n° 11, Mérida-Venezuela, Univ. de Los Andes, **2003** ; E. Bockelmann, *Im Takt des Geldes : Zur Genese modernen Denkens*, Springe am Deister, zu Klampen Verlag, **2004** ; J.-M. Breuvart (éd.), *Les rythmes éducatifs dans la philosophie de Whitehead*, Frankfurt, Ontos Verlag, **2005** ; E. Dufour, *L'esthétique musicale de Nietzsche*, Villeneuve d'Ascq, Presses Univ. du Septention, **2005** ; C. Nielsen, « Nietzsche und die Musik », *Beiträge zur geistigen Situation der Gegenwart*, Heft 3, **2007** ; N. Taïbi, « Simone Weil : La pensée comme résistance – Rythme et cadence », https://www.rhuthmos.eu/spip.php?article2423, **2007** ; P. Michon, « Gilbert Simondon – Les rythmes comme cycles de l'ontogenèse ? », https://www.rhuthmos.eu/spip.php?article109, **[2007]**, 2010 ; D. Bensaïd, « Temps historique et rythmes politiques », C. Arruzza (ed.), *Pensare con Marx. Ripensare Marx Teorie per il nostro tempo*, Roma, Alegre, **2008** ; D. Debaise, « Devenirs et individuations. L'hommage de Whitehead à Bergson », *Noesis – Quine, Whitehead et leurs contemporains*, n° 13, **2008**, pp. 269-282 ; G. Polizzi, « Rythme et durée : la philosophie du temps chez Bergson et Bachelard », J.-J. Wunenburger & F. Worms (ed.), *Bachelard et Bergson : continuité et discontinuité*, Paris PUF, **2008**, pp. 54-66 ; F. F. Günther, *Rhythmus beim frühen Nietzsche*, Berlin/New York, De Gruyter, **2008** ; F. Bisson, « Entre le cristal et le brouillard. Rythme et Vie à partir de Whitehead », M. Weber et R. Desmet (dir.), *Chroma-*

tikon V. Annuaire de la philosophie en procès, Louvain, Presses univ. de Louvain, **2009**, pp. 25-42 ; C. C. Marchetti, *Aristoxenus Elements of Rhythm : Text, Translation, and Commentary with a Translation and Commentary on Poxy 2687*, Phd dissertation, New Brunswick NJ, Rutgers, The State Univ. of New Jersey, **2009** ; C. Corbier, « *Alogia* et eurythmie chez Nietzsche », *Nietzsche Studien*, De Gruyter, **2009** ; P. Michon, « Rythmes, disciplines et démocratie moderne dans *Surveiller et Punir* », https://www.rhuthmos.eu/spip.php?article86, **2010** ; –, « Note sur le rythme dans les sciences de l'homme et de la société de 1940 à nos jours », https://www.rhuthmos.eu/spip.php?article15, **2010** ; S. Lindberg, « Onto-rythmie » [sur Lacoue-Labarthe], *Revue philosophique de Louvain*, n° 108-3, **2010**, pp. 527-548 ; S. Klimis, « Affects, finalités et significations imaginaires : construire/configurer un *eidos* du social-historique selon Castoriadis », R. Gely et L. Van Eynde (éd.) *Affectivité, imaginaire et Création Sociale*, Bruxelles, Pub. de l'univ.é Saint-Louis, **2010**, pp. 13-42 ; C. Genin, « L'Anthropogénie de Henri Van Lier : joindre le geste à la parole », http://www.mezetulle.net/article-henri-van-lier-joindre-le-geste-a-la-parole-par-c-genin-51768031.html, **2010** ; F. F. Günther, « Am Leitfaden des *Rhythmus*. Kritische Wissenschaft und Wissenschaftskritik in *Nietzsches* Frühwerk » C. Gentili & C. Nielsen (ed.), *Der Tod Gottes und die Wissenschaft. Zur Wissenschaftskritik Nietzsches*, Berlin-New York, De Gruyter, **2010** ; J.-P. Lambert, « Le rythme de la liberté – Jean-Marie Guyau et la suggestion identitaire », https ://www.rhuthmos.eu/spip.php?article318, **2011** ; P. Michon, « Michel Foucault et les puissances du langage », https://www.rhuthmos.eu/spip.php?article296, **2011** ; C. Corbier, « Bachelard, Bergson, Emmanuel. Mélodie, rythme et durée », *Archives de Philosophie*, n° 75, **2012** ; P. Michon, « Notes éparses sur le rythme comme enjeu artistique, scientifique et philosophique depuis la fin du XVIIIe siècle », https://www.rhuthmos.eu/spip.php?article746, **2012** ; –, « Aux origines des théories du rythme. L'apport de la pensée allemande des Lumières au Romantisme », https://www.rhuthmos.eu/spip.php?

article632, **2012** ; C. Marin, « Ravaisson, une philosophie du rythme », *Cahiers philosophiques*, n° 2, **2012**, n° 129, pp. 43-56 ; M. Bracco, « La poesia, il ritmo, il corpo. Nietzsche e la poesia », A. Caputo & M. Bracco (eds), *Nietzsche e la poesia*, Bari, Stilo Editrice, **2012**, p. 75-115 ; B. Kowalzig, « Broken Rhythms in Plato's *Laws*. Materialising Social Time in the Chorus », A.-E. Peponi (ed.), *Performance and Culture in Plato's* Laws, Cambridge, Cambridge Univ. Press, **2013**; J. Wiskus, *The Rhythm of Thought : Art, Literature, and Music after Merleau-Ponty*, Chicago, Univ. Of Chicago Press, **2013** ; C. Nielsen, *Zeitatomistik und « Wille zur Macht ». Annäherungen an Nietzsche*, Tübingen, Attempto, **2014** ; B. Pasobrola, « La discontinuité historique vue sous l'angle d'un procédé cinématographique », *Revue des Ressources*, **2014** et https ://www.rhuthmos.eu/spip.php?article1384 ; P. Michon, « Coda – Le rythme ou l'aujourd'hui encore aujourd'hui demain », [sur la rythmologie baroque : Spinoza, Leibniz, Diderot] https://www.rhuthmos.eu/spip.php?article1416, **2014** ; –, « Notes pour une conception plurielle de la singularité », https://www.rhuthmos.eu/spip.php?article1292, **2014** ; J. Darriulat, « Commentaire du livre III de la *République* de Platon », [sur la poésie, la musique et la gymnastique] http://www.jdarriulat.net/auteurs/Platon/Republique/Rep3.html, **2015** ; P. Michon, *Rythmologie baroque. Spinoza, Leibniz, Diderot*, Rhuthmos, **2015** ; –, « De la vitesse aux manières de fluer : sur quelques théories sociopolitiques contemporaines », https://www.rhuthmos.eu/spip.php?article1507, **2015** ; H. Müller-Sievers, « A Tremendous Chasm : Nietzsche, *The Birth of Tragedy*, and the Measure of Poetry », *The Science of Literature : Essays on an Incalculable Difference*, Berlin-Boston, De Gruyter, **2015** ; A. J. Mason, *Flow and Flux in Plato's Philosophy*, Abingdon & New York, Routledge, **2016** ; P. Michon, « Rhythm as *Rhuthmos* – Denis Diderot (1749-1777) », https ://www.rhuthmos.eu/spip.php?article 1860, **2016** ; D. Baudier, « Genèse d'Homo, genèse du rythme. À propos de l'œuvre d'Henri Van Lier », https ://www.rhuthmos.eu/

spip.php?article2218, **2018** ; M. Alhadeff-Jones, « Rythmes et para-digme de la complexité : Perspectives moriniennes », J.-J. Wunen-burger, & J. Lamy (eds.), *Rythmanalyse(s) Théories et pratiques du rythme. Ontologie, définitions, variations*, Lyon, Jacques André Editeur, **2018** ; A. Zorrilla, « Tiempo, forma y movimiento. Una idea pre-platónica del ritmo », https ://www.rhuthmos. eu/spip.php?article 2146, **2018** ; L. Eikelboom, *Rhythm : A Theological Category*, Oxford, Oxford Univ. Press, **2018** ; M. Goda, « Rhythm and Sense in the Philosophy of Levinas », Minerva, vol. 1, **2019** ; P. Michon, « De Spinoza à Humboldt : des rythmes de la substance aux rythmes du langage », https://www.rhuthmos.eu/spip. php?article691, **2019** ; –, « Michel Foucault and the Disciplinary Rhythms », https:// www.rhuthmos.eu/spip.php?article2481, **2019** ; Z. Aracagök, « Rhuthmos/Arithmos Deconsidered », *La Deleuziana – Online Journal of Philosophy*, Dossier « Rhythm, Chaos and Nonpulsed man », n° 10, **2019** ; C. Heaney, « Tragic Rhythms : Nietzsche and Agamben on Rhythm and Art », *La Deleuziana – Online Journal of Philosophy*, Dossier « Rhythm, Chaos and Nonpulsed man », n° 10, **2019** ; I. Campbell, « Deleuze and Guattari's Semiorhythmology : A Sketch for a Rhythmic Theory of Signs », *La Deleuziana – Online Journal of Philosophy*, Dossier « Rhythm, Chaos and Nonpulsed man », n° 10, **2019** ; V. Verdier, « Les rythmes de l'existence », [sur Spinoza, Bachelard, Canguilhem, Lefebvre] *Psicanálise & Barroco em Revista*, v. 18, n° 1, **2020** ; N. Lebovic, « Benjamin : To the Rhythm of Theological Concepts », *Journal for Cultural and Religious Theory*, n° 19-3, **2020** ; I. Kivle, « Search for Stability : Rhythm in the Philosophies of Husserl, Deleuze & Guattari », *The Polish Journal of Aesthetics,* n° 61-2, **2021**, pp. 81-94 ; P. Michon, *Elements of Rhythmology* – vol. 5 [sur Deleuze et Guattari], https://www.rhuthmos.eu/spip.php?article2736, **2021** ; –, « Michel Foucault and the Rhythms of Time », https://www.rhuthmos.eu/spip. php?article2696, **2021** ; D. Lévystone, « Du rythme et des opposés. Note sur Aristote *Métaphysique* Λ 1075b12-13 : ἐὰν μὴ ῥυθμίσῃ τις », *Philosophie antique. Problèmes, Renaissances, Usages*, n° 22, **2022**, pp. 213-233 ; Ch. Helge Peters, *Das Soziale des Affekts : Eine Sozialtheorie der Modulationen nach Deleuze und Massumi*, Frankfurt, Campus Verlag, **2022** ; C. Fynsk, *Heidegger's Turn To Art : The Uses of Rhythm*, London, Bloomsbury Academic, **2025**.

Philosophie contemporaine[1]

M. Verdicchio & R.Burch (ed.), *Between Philosophy and Poetry : Writing, Rhythm, History*, New York-London, Continuum International, **[2002]** 2006 ; C. Brüstle *et al.* (Hrsg.), *Rhythmus im Prozess*, Berlin, **2004** ; P. Michon, *Rythme, pouvoir, mondialisation*, **[2005]** Paris, Rhuthmos, 2016 ;   –, *Les rythmes du politique. Démocratie et capitalisme mondialisé*, Paris, Les Prairies ordinaires, **2007** – ver. esp. 2020 ; –, « Styles, rythmes et ritournelles », https://www.rhuthmos.eu/spip.php?article110, **[2007]**, 2010 ; –, « Rythme et manière comme enjeux de lutte dans le capitalisme flex-réticulaire », A.-M. Morice (dir.), *Les Contradictions du travail à l'ère du global*, Paris, Théoriques-Synesthésie, **2008**, pp. 1-92 ; F. Bisson, « Le swing cosmique – Whitehead à la mescaline », M. Weber et R. Desmet (dir.), *Chromatikon V. Annuaire de la philosophie en procès*, Louvain, Presses universitaires de Louvain, **2009**, pp. 133-150 ; Y. Citton, « Techniques de résistance aux sociétés de contrôle : l'Anti-Gestion selon Roland Barthes », G. Rockhill & P.-A. Chardel (éd.), *Technologies de contrôle dans la mondialisation : enjeux politiques, éthiques et esthétiques*, Paris, Kimé, **2009**, pp. 165-182 ; R. S. Cunha, *Filosofia do Ritmo Portuguesa*, Sintra, Zéfiro, **2010** ; P. Michon, *Fragments d'inconnu. Pour une histoire du sujet*, Paris, Le Cerf, **2010** ; –, « La vie des hommes infâmes, aujourd'hui », https://www.rhuthmos.eu/spip.php?article87, **2010** ; –, « Note sur le

---

1. Voir aussi les références données plus haut dans la section 2 de ce chapitre.

langage dans les projets politiques », https://www.rhuthmos.eu/spip.php?article23, **2010** ; –, « Le rythme comme outil d'une critique du capitalisme flexible et réticulaire », https://www.rhuthmos.eu/spip.php?article21, **2010** ; –, « Notes pour une conception plurielle de la singularité », https://www.rhuthmos.eu/spip.php?article202, **2010** ; –, « Idiorrythmie ou eurythmie ? Réponse à Yves Citton », https://www.rhuthmos.eu/spip.php?article94, **2010** ; –, « Le concept de rythme peut-il contribuer à défaire l'opposition entre sciences de l'homme et sciences de la nature ? », **2010** ; C. Doumet et A. Wald Lasowski (dir.), *Rythmes de l'homme, rythmes du monde*, Paris, Hermann, **2010** ; V. Erlmann, *Reason and Resonance. A History of Modern Aurality*, New York, Zone Books – MIT Press, **2010** ; P. Michon, « Sobre as novas maneiras de fluir da linguagem na era do capitalismo flex-reticular – Para uma poética da sociedade », https://www.rhuthmos.eu/spip.php?article390, **2011** ; –, « Une rythmologie politique », J. Birnbaum, *Où est passé le temps ?* Paris, Gallimard, **[2011]** 2012, pp. 133-147 ; –, « Une brève histoire de la théorie du rythme depuis les années 1970 », https://www.rhuthmos.eu/spip.php?article608 », **[2011]**, 2012, vers. esp. https://www.rhuthmos.eu/spip.php?article2345, vers. ang. https://www.rhuthmos.eu/spip.php?article462 ; –, « Pourquoi avons-nous besoin d'une rythmologie politique ? », Dossier « Rythmanalyses », *Multitudes* n° 46, **2011**, pp. 173-179 ; F. Bisson, « Ainsi marche Anna Cruz », Dossier « Rythmanalyses », *Multitudes* n° 46, **2011**, pp. 181-188 ; W. Scheuerman, « Les nouveaux rythmes de la politique dans les sociétés à grande vitesse », Dossier « Rythmanalyses », *Multitudes* n° 46, **2011**, pp. 191-192 ; V. Fabbri, « Poétique de la philosophie », https://www.rhuthmos.eu/spip.php?article407, **2011** ; L. Hébert, « Petite sémiotique du rythme. Éléments de rythmologie », *Signosemio.com*, Rimouski (Québec), **2011** ; P. Michon, « Sommes-nous en train d'assister à l'émergence d'un nouveau paradigme scientifique : le paradigme rythmique ? », https://www.rhuthmos.eu/spip.php?article342, **2011** et J.-J. Wunenburger, et J. Lamy (dir) : *Rythmana-*

lyse(s) : Théories et pratiques du rythme. Ontologie, définitions, variations, Lyon, Jacques André, 2018 ; –, « Rythme, rythmanalyse, rythmologie : un essai d'état des lieux », https://www.rhuthmos.eu/spip.php?article646, **2012** et ver. esp. https://www.rhuthmos.eu/spip.php?article2340, 2019 ; P. Sauvanet, « Schématiser le *rhuthmos* », https://www.rhuthmos.eu/spip.php?article777, **2012** ; B. Pasobrola, « Systèmes fluidiques et société connexionniste », *Temps critique*, n° 16, **2012**, pp. 39-83 ; P. Michon, « Le rythme aujourd'hui : quelques notes introductives », https://www.rhuthmos.eu/spip.php?article876, **2013** ; –, « Vers une éthique et une politique du rythme », https://www.rhuthmos.eu/spip.php?article1024, **2013** ; J. Crary, *24/7 : Late Capitalism and the Ends of Sleep*, Londres, Verso, **2013** ; G. de Soultrait, *La question du rythme (de la vague)*, Anglet, Surf Session, **2013** ; H. Bensusan, « Beats and being. Towards a rhythm-oriented ontology », *Conference "Performance Philosophy,"*, Guilford, Uni. of Surrey, **2013** ; S. Klimis, « Rhythm as self-creation of the subject. In search of the corporeal-poetical-political continuum », A. Böhler, C. Herzog & A. Pechriggl (Hg.), *Korporale Performanz. Zur bedeutungsgenerierenden Dimension des Leibes*, Bielefeld, Transcript, **2013**, pp. 87-106 ; C. Bouton, *Le temps de l'urgence*, Lormont, Le bord de l'eau, **2013** ; R. Gonzales, « fear of a wet planet (rhythm I) – the city be the rhythm invisible (rhythm II) », https://www.rhuthmos.eu/spip.php?article1179, **2014** ; S. Borel, *Et les réseaux sauveront le monde... ? Essai sur l'idéologie réticulaire*, Lormont, Le Bord de l'eau, **2014** ; J. Pigeaud (dir.), *Le rythme*, Rennes, Presses Univ. de Rennes, **2014** ; Z. Tchekantseva, « Power in the light of the Theory of rhythm : a view from the 21st Century », https://www.rhuthmos.eu/spip.php?article1349, **2014** ; P. Michon, « Note sur le monde fluide », https://www.rhuthmos.eu/spip.php?article83, **2014** ; –, « Notes éparses sur le rythme comme enjeu artistique, scientifique et philosophique depuis la fin du XVIIIe siècle », https://www.rhuthmos.eu/spip.php?article137, **2014** ; C. Levine, *Forms : Whole, Rhythm, Hierarchy, Network*, Princeton, Princeton Uni.

Press, **2015** ; P. Michon, « Discipline, Control or Rhythm ? », https://www.rhuthmos.eu/spip.php?article1510, **2015** – ver. espa. 2019 ; –, « Could Rhythm Become a New Scientific Paradigm for the Humanities ? », https://www.rhuthmos.eu/spip.php?article2543, **2016** ; –, « A Rhythm Episteme? (1800-1830) », https://www.rhuthmos.eu/spip.php?article2141, **2016** ; F. Bisson, *La pensée rock. Essai d'ontologie phonographique*, Paris, Questions Théoriques, **2016** ; J.-L. Evard, *Du sensible au sensé*, Paris, L'Harmattan, **2016** ; M. Macé, *Styles. Critique de nos formes de vie*, Paris, Gallimard, **2016** ; L. de Sutter (dir.), *Accélération !*, Paris, PUF, **2016** ; M. Huijer, *Außer Takt : Auf der Suche nach dem Rhythmus des Lebens*, Stuttgart, Konrad Theiss, **2017** ; F. Nivière, *Le rythme vivant*, AFNIL, **2017** ; L. Eikelboom, « Sciences of Rhythm », *rhythmictheologyproject.com*, 2017 ; T. Breyer *et al.*, *Resonanz – Rhythmus – Synchronisierung : Interaktionen in Alltag, Therapie und Kunst*, Bielefeld, Transcript, **2018** ; J. Lèbre, *Éloge de l'immobilité*, Paris, Desclée De Brouwer, **2018** ; J.-J. Wunenburger, et J. Lamy (dir) : *Rythmanalyse(s) : Théories et pratiques du rythme. Ontologie, définitions, variations*, Lyon, Jacques André, **2018** ; M. Accoh et A. Bourdon, *Petite philosophie illustrée de la vague*, Biarritz, Aquarium, **2018** ; A. Wald Lasowski, *Le jeu des ritournelles*, Paris, Gallimard, **2018** ; P. Michon, *Elements of Rhythmology. 1. Antiquity*, Paris, Rhuthmos, **2018** et https://www.rhuthmos.eu/spip.php?article1772 ; –, *Elements of Rhythmology. 2. From the Renaissance to the 19th Century*, Paris, Rhuthmos, **2018** et https://www.rhuthmos.eu/spip.php?article1992 ; –, « On the Concept of Rhythm Episteme », https://www.rhuthmos.eu/spip.php?article2299, **2018** et ver. esp. https://www.rhuthmos.eu/spip.php?article 2270 ; –, *Elements of Rhythmology. 3. The Spread of Metron. From the 1840s to the 1910s*, Paris, Rhuthmos, **2019** ; –, « Roland Barthes and the Idiorrhythms », https://www.rhuthmos.eu/spip.php?article 2484, **2019** ; –, « A Rhythm Constellation in the 1970s and 1980s – Lefebvre, Foucault, Barthes, Serres, Morin, Deleuze & Guattari, and Meschonnic », https://www.rhuthmos.eu/

spip.php?article2428, **2019** ; W. Davies, « The political economy of pulse : Techno-somatic rhythm and real-time data », *Ephemera – Theory & Politics in Organization*, **2019** vol. 19(3), pp. 513-536 ; G. de Soultrait, *Le surf change le monde*, Guéthary, Vent de terre, **2019** ; J.-J. Wunenburger, « Rythmopraxies : quelle révolution pour le chronotope urbain ? », https://www.rhuthmos.eu/spip.php?article2554, **2020** ; P. Michon, « Edgar Morin and the *Rhuthmoi* of Machines », https://www.rhuthmos.eu/spip.php?article2510, **2020** ; –, « Pourquoi la rythmologie ? », https://www.rhuthmos.eu/spip.php?article2575, **2020** ; –, « Qu'est-ce que le rythme aujourd'hui ? », *CaMBo – Cahiers de la Métropole Bordelaise – Dossier « Rythmes de vie, rythmes de ville »*, **2020** ; Z. Aracagök, « Rhuthmos, Ritim ve Politika », https://www.rhuthmos.eu/spip.php?article2571, **2020** ; P. Crespi & S. Manghani (dir.), *Rhythm and Critique. Techniques, modalities, practices*, Edinburgh, Edinburgh Univ. Press, **2020** ; F. Nivière, *Naissance des mondes. Rhuthmos 1*, AFNIL, **2021** ; P. Michon, *Elements of Rhythmology. 4. A Rhythmic Constellation. The 1970s*, Paris, Rhuthmos, **2021** ; –, *Elements of Rhythmology. 5. A Rhythmic Constellation. The 1980s*, Paris, Rhuthmos, **2021** ; P. Michon, *Problèmes de rythmanalyse, 1*, Paris, Rhuthmos, **2022** ; –, *Problèmes de rythmanalyse, 2*, Paris, Rhuthmos, **2022** ; C. Bouton, *L'Accélération de l'histoire. Des Lumières à l'Anthropocène*, Paris, Le Seuil, **2022** ; A. Wald Lasowski, *Serial Virus. Regards d'un philosophe sur la crise*, Gap, Désiris, **2022** ; –, *À chacun son rythme : Petite philosophie du tempo à soi*, Paris, Le Pommier, **2023** ; P. Michon, « Il faut se libérer de l'idée que le rythme existe par lui-même, dans la nature », *Millénaire3.com*, et ver. revue : https://www.rhuthmos.eu/spip.php?article2916, **2023** ; –, « Why we need the notion of *rhuthmos* today », https://www.rhuthmos.eu/spip.php?article3045, **2024**.

Contexte historique – la « seconde mondialisation » – années 1980-2020

5. En dépit des limites de ce sondage bibliographique, notamment pour ce qui concerne les références les plus récentes, on voit l'importance qu'a recouvrée le concept de rythme au cours de ces quatre dernières décennies dans un très large éventail de disciplines. L'ensemble compte près de 800 titres et leur mise en série permet d'identifier une première vague d'intérêt encore modeste au début des années 1990, puis une seconde, beaucoup plus vive, à partir du milieu des années 1990, qui a atteint son pic en 2014. La chute brutale qui suit, surtout à partir de 2020, ne me semble

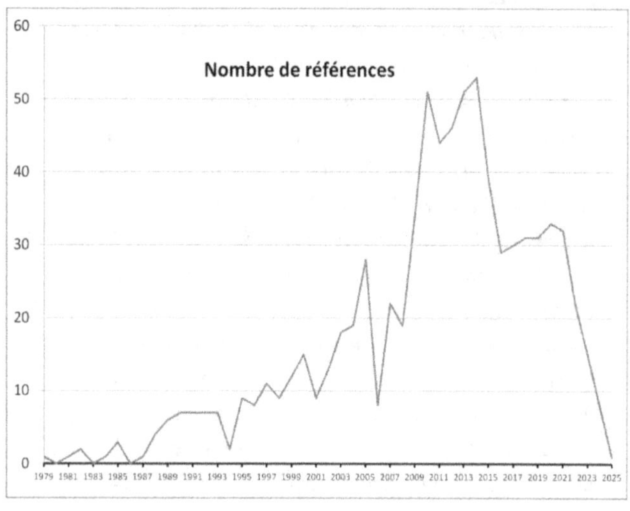

pas, en revanche, très significative et est probablement due aux limites de mon information concernant cette période. Il faudrait en fait une nouvelle recherche pour mieux comprendre ce qui s'est passé après 2015.

5.1. Comme je l'ai fait à chacun des tournants de cette histoire, je voudrais me pencher dans cette section sur le contexte de cette renaissance, d'autant plus extra-ordinaire qu'elle succède à une période d'oubli quasi général, à l'exception bien sûr des sciences de la nature et de la médecine, ou de la musique et de la danse, où l'usage technique du rythme n'a jamais disparu. L'hypo-thèse la plus vraisemblable est que ce regain d'intérêt, ainsi que la capacité que nous avons récupérée de per-cevoir à nouveau sa présence dans les travaux de la première moitié du XXe siècle, et peut-être même de le concevoir à notre tour, jusque dans certaines sciences de la nature, d'une manière *rhuthmique*, sont très proba-blement liés à la mutation historique que nous venons de vivre.

5.2. Durant ces décennies, nous sommes en effet sortis du monde régulièrement rythmé dans lequel nous vivions depuis la mise en place des grands systèmes de pouvoir internationaux, nationaux, subnationaux et indi-viduels à la fin des années 1940, pour entrer dans un monde plus fluide, ouvert et instable. Or, cette mutation d'envergure ressemble beaucoup à celle qui a eu lieu à la fin du XIXe siècle et au début du suivant. Pour mon-trer cette parenté, je reprends à dessein les principales entrées de la liste de changements proposée plus haut pour la période 1890-1914.

5.3. Au cours des années 1980, 1990 et 2000, nous avons assisté aux transformations suivantes : nouvelle révolution technologique et industrielle (fusion nucléaire, énergie solaire et éolienne, numérisation de toutes les techniques, robotisation d'une partie de la production, biotechnologies) ; explosion des moyens de communication (internet, téléphone mobile « intelligent »), d'information (plateformes internet, réseaux sociaux) et de transport (aviation *low cost*, TGV, voiture électrique) ; foisonnement du commerce international (entrée de la Chine dans l'OMC en 2001, ouverture au marché de presque tous les anciens pays du bloc de l'Est) ; internationalisation du marché des capitaux (fin de l'étalon or, fluctuations des monnaies, dérégulation des bourses et des marchés financiers, croissance très rapide des flux d'Investissements Directs à l'Étranger) ; fusions d'entreprises et construction de conglomérats géants qui vont dominer les marchés du siècle suivant (GAFAM et BATX) ; supériorité renforcée du capitalisme financier sur le capitalisme industriel ; déchaînement des moyens de reproduction des images et des sons qui déréalisent le monde (numérique, intelligence artificielle) ; pénétration de la technique dans les corps (chirurgie esthétique, fécondation *in vitro*, prothèses en tous genres) ; fluidification des formes d'organisation sociale et des formes d'individuation singulières et collectives (retrait des services publics, dérégulation du droit du travail, faveur donnée à la concurrence individuelle, fin de la vie comme projet à long terme).

5.4. Comme nous pouvons le constater, à quelques différences près, sur lesquelles je vais revenir, tous ces phénomènes propres à notre époque rappellent fortement ceux qui ont marqué la période s'étendant de 1890 à 1914, c'est pourquoi on la qualifie aujourd'hui couramment de « seconde mondialisation ».

5.5. De même, la période de mutations et de fracturations qui a commencé à la fin des années 2010 rappelle par bien des points celle qui a couvert les premières décennies du XXe siècle : concurrence de plus en plus brutale des impérialismes (aujourd'hui entre les États-Unis, la Chine, l'Europe, la Russie et peut-être bientôt l'Inde), esprit revanchard de certaines puissances déclassées comme la Russie, division du monde et réarmement ; construction d'opinions publiques partagées entre les enracinements nationaux et l'ouverture internationale ; conflits armés de plus en plus violents et de plus en plus étendus.

5.6. Une telle série de correspondances n'a évidemment rien d'occulte et n'implique aucune théorie métaphysique de l'histoire. Elle renvoie pour partie à ce que les économistes connaissent, depuis les années 1920, sous le nom de « cycles de Kondratieff » et aux « grappes d'innovations techniques » qui leur sont liées[1], pour partie aux cycles propres à l'histoire politique, notamment en ce qui concerne les cadres institutionnels du libre-échange et l'interaction entre les États et les Empires, pour une autre partie encore aux conflits récurrents propres à l'histoire de la culture et des sciences.

5.7. Ces correspondances n'empêchent d'ailleurs pas des différences fondamentales que nous ne saurions ignorer. Citons-en ici quelques-unes : alors que le

---

1. Ces cycles sont aujourd'hui contestés, mais pas par tous les économistes. I. Wallerstein les met, par exemple, au centre de sa réflexion dans *The Decline of American Power*, The New Press, **2003**. Sur cette question, voir la mise au point très documentée de D. Bensaïd, « Le sens des rythmes : cycles, vagues, ondes longues » dans *La Discordance des temps. Essais sur les crises, les classes, l'histoire*, Paris, Éd. de la Passion, **1995**, pp. 63-84. Également, Ph. L. Bernard, « Vers un nouveau Kondratiev ? », Paris, *Le Monde*, 22 janvier **2000**.

XIXe siècle avait connu une marchandisation du travail dénoncée par Marx, et que le siècle suivant a connu, comme l'a montré Polanyi, celle de l'argent à travers la révolution financière, nous sommes désormais confrontés à une marchandisation de la nature, de la terre, de l'eau, de l'air et des gènes qui met aujourd'hui en péril l'équilibre écologique mondial et menace l'existence humaine elle-même[1] ; dans les pays développés, les acquis systémiques du XXe siècle concernant l'éducation, la santé, la retraite, qui subissent depuis les années 1980 des régressions importantes n'existaient évidemment pas à la fin du siècle précédent ; dans les pays du Sud mais aussi du Nord, les flux migratoires jouent un rôle moins important aujourd'hui qu'autrefois, car, à travers les délocalisations d'entreprises, c'est la production qui s'est déplacée vers la main-d'œuvre, au Mexique, en Chine et maintenant au Vietnam et en Indonésie ; les nouvelles technologies de communication et les nouveaux instruments financiers permettent désormais une rapidité et un volume d'échange qui n'ont plus grand-chose à voir avec ceux de la Belle Époque ; les systèmes de production et de distribution, autrefois organisés sur un territoire national, se ramifient désormais sur toute la surface du globe en une multitude d'immenses chaînes entremêlées de fournisseurs, de sous-traitants et de distributeurs ; l'économie industrielle a été en partie

---

1. Sur cette marchandisation et les moyens peut-être de s'y opposer, M. Burawoy, « The Future of Sociology », R. Brym (ed.), *New Society*, Scarborough, Nelson Education, **2014**, trad. fr. *SociologieS*, https://doi.org/10.4000/sociologies.4774 ; –, « A New Sociology for Social Justice Movements », **2014**, https://www. rhuthmos.eu/spip.php?article1486

remplacée, au moins dans les pays développés, par une économie de services ; cette « seconde mondialisation » a eu pour conséquence une restructuration drastique et une spécialisation des économies nationales – ce qui était plutôt le cas jadis des économies régionales – avec ce que l'on a appelé la Division Internationale des Processus Productifs ; même s'il s'est appuyé en partie sur une puissance militaire écrasante qui ressemble à celles des nations dominantes d'autrefois, le nouvel Empire qui s'est mis en place entre la fin du XXe siècle et le début du suivant a été, nous l'avons vu, d'une nature assez différente de ceux nés à la fin du XIXe siècle ; de même, la période qui commence par la fracturation de l'ordre néolibéral mondialisé sous l'égide des États-Unis et de ses alliés mobilise des acteurs nouveaux, la Chine, l'Inde, en particulier, qui ajoutent à sa complexité. [1]

5.8. En dépit de ces différences entre ce que l'on a appelé les époques de la « première » et la « seconde mondialisation », il existe entre elles des affinités profondes. C'est pourquoi, comme à la fin du XIXe siècle et au début du suivant, l'accélération et l'imbrication de plus en plus étroite des mutations que nous venons de vivre expliquent très probablement l'importance croissante accordée au caractère dynamique ou processuel

1. Pour des comparaisons entre les deux époques, voir R. E. Baldwin & P. Martin, « Two Waves of Globalization : Superficial Similarities, Fundamental Differences » dans H. Siebert (ed.), *Globalization and Labor*, Tübingen, Mohr Siebeck, 1999 ; M. Bordo, B. Eichengreen & D. Irwin, « Is Globalization Today Really Different than Globalization a Hundred Years Ago ? », *National Bureau of Economic Research*, 1999 ; M. D. Bordo & J. G. Williamson (ed.), *Globalization in Historical Perspective* (National Bureau of Economic Research Conference Report), Chicago, Univ. of Chicago Press, 2004.

des phénomènes observés dans chaque science ou chaque art particulier, la volonté de décrire leur organisation temporelle et d'évaluer leurs conséquences en matière écologique, artistique, éthique et politique.

5.8.1. Il n'est donc pas très étonnant que, dans un tel contexte, nous ayons recommencé à nous intéresser à la notion de rythme, que nous ayons tenté d'en mieux comprendre l'histoire et les différents paradigmes, *métriques* et *rhuthmiques*, qui s'y sont affrontés, et que nous ayons cherché à exhumer les abondants travaux sur et avec le rythme qui avaient été réalisés pendant et à la suite de la « première mondialisation », mais qui avaient été enterrés au cours des Trente Glorieuses. Les conditions étaient réunies pour développer ce que l'on pourrait appeler une « *rhuthmologie* ».

5.8.2. Mais il n'est pas non plus très surprenant, vu le contexte hyperdynamique auquel nous avons été confrontés, que nous ayons simultanément multiplié les études et les pratiques mobilisant le rythme au présent, et cela dans un nombre croissant d'arts, de disciplines scientifiques et philosophiques. De même, on comprend que, ce faisant, nous ayons de nouveau mobilisé et réactualisé ses valeurs *rhuthmiques*, pour tenter de surmonter les présupposés écologiques, artistiques, éthiques et politiques de sa définition métrique. Là aussi les conditions étaient réunies pour développer ce que l'on pourrait appeler différentes formes de « *rhuthmanalyse* ».

Le passage à une perspective *rhuthmique* et ses difficultés

6. Le temps de la constitution d'une nouvelle perspective *rhuthmique* semble ainsi être arrivé.

6.1. Les perspectives néoindividualiste, différentialiste et éclectique postmoderne, qui ont dominé la fin du XXe siècle, ont désormais montré toutes leurs faiblesses. Ces trois perspectives ont en effet été développées dans les années 1980-1990 comme des machines de guerre théoriques mais aussi pratiques contre les perspectives holistes structuraliste et systémique précédentes, et pour les deux dernières, de surcroît, contre toute forme de substantialisme. Mais faute d'une réflexion suffisamment critique par rapport à ce qui était en train de se passer, elles se sont rapidement alignées, la première avec enthousiasme, les deux autres plus indirectement et avec des accommodements pas toujours revendiqués, sur l'ordre néolibéral qui était en train de s'imposer. On ne peut que constater aujourd'hui leur échec commun et le peu d'effets critiques qu'elles ont eus sur le fluement actuel du monde, sur la domination du modèle du marché et sur les nouvelles concentrations de pouvoir qu'on commence à y voir poindre.

6.2. Il me faut dire ici quelques mots de trois perspectives, dont je n'ai pas encore parlé et qui, tout en restant minoritaires par rapport aux précédentes, ont connu un certain succès au cours de ces mêmes décennies : les perspectives néodialectiques, néoherméneutiques ou néopragmatiques. À la différence des précédentes, la perspective *rhuthmique* pourrait en effet y trouver quelque appui car elle partage avec celles-ci certains de leurs objectifs, notamment l'anti-dualisme et la volonté de ne pas opposer les concepts de mutation et de forme, mais ces perspectives restent en grande partie grevées par un certain nombre de limites qu'elles ont eu bien du mal à surmonter. Bien qu'orientées, à raison, contre les conceptions opposant concept et phénomène, structure et substance, sujet et objet, langage et corps, corps et esprit, individu et société, société et État, Démocratie et République, etc., aucune de ces perspectives n'est arrivée, faute le plus souvent de donner au langage la place qui lui revient, à proposer des orientations artistique, éthique et politique suffisamment claires et stables pour soutenir de véritables engagements pratiques. La nouvelle dialectique sans *Aufhebung* (comme chez les héritiers d'Adorno), la nouvelle herméneutique spiralaire (comme chez ceux de Ricœur[1]) et le nouveau primat pragmatique donné aux interactions sur les substances (comme chez ceux de Dewey) sont, tous trois, allés dans la bonne direction, mais leurs applications pratiques ont souvent abouti à une telle indétermination observationnelle et surtout téléologique, qu'elles ont fini par verser dans la confusion et le relativisme. Certes, chacune de ces manières d'observer et de penser a cherché à dépasser les dualismes précités, sans tomber dans les inversions simplistes et inefficaces prônées par les paradigmes déconstructionniste et postmoderne. Certes, chacune a bien visé des manières de fluer de la pensée et de l'observation. Mais ces manières de penser ont été décrites comme si elles devaient rester toujours formellement semblables, dans toutes les cultures et à toutes les époques, et surtout elles ont laissé de côté les manières de fluer des phénomènes eux-mêmes. Il leur a manqué, la plupart du temps, la capacité de décrire

---

1. Qu'il ne faut pas confondre avec ceux de Gadamer dont l'ontologie herméneutique se veut une critique de l'anthropologie. À ce sujet, voir P. Michon, *Poétique d'une anti-anthropologie. L'herméneutique de Gadamer*, Paris, Vrin, 2000.

leurs spécificités et donc de pouvoir juger de leur puissance d'individuation et de subjectivation.

6.3. La perspective *rhuthmique* semble, quant à elle, offrir à la fois des capacités descriptives et une puissance critique qui manquent à ces approches. En dépit de leur dispersion et souvent de leur faible reconnaissance institutionnelle, les études rythmologiques et rythmanalytiques récentes ont déjà produit à cet égard des résultats significatifs, et, quand on a la patience de les parcourir, on y voit pointer, dans des disciplines souvent fort éloignées et sans communications, toute une série d'innovations ontologiques, méthodologiques et anthropologiques, mais aussi d'affirmations de valeurs artistiques, éthiques et politiques, très proches les unes des autres, qui montrent à la fois un souci pour la rigueur conceptuelle, pour la précision factuelle et pour la capacité à juger de la qualité anthropologico-historique des rythmes en question.

6.4. Il reste que ce passage à une perspective *rhuthmique*, sur le plan ontologique comme sur le plan méthodologique, est encore loin d'être reconnu dans les diverses communautés académiques et artistiques, et qu'il doit aussi faire face à un certain nombre de difficultés qui lui sont propres. Laissons de côté les résistances évidentes des modes de vie individualistes et des institutions et pouvoirs académiques, dont on a déjà parlé et qui n'ont guère besoin d'être documentées, et concentrons-nous ici sur ces embarras théoriques internes, dont on a commencé à saisir la nature.

6.4.1. La première difficulté, la plus importante et peut-être la plus difficile à surmonter, nous l'avons vu tout au long de ce livre, tient au conflit entre l'orientation naturaliste et l'orientation anthropologique, qui a très souvent grevé les approches *rhuthmiques*. De ce côté, une solution éventuelle va nous demander de tenir ensemble des perspectives que la culture ou l'inculture académique ne cesse de séparer : de nous informer et de réfléchir sur les sciences humaines et sociales, comme sur les progrès des neurosciences, de l'éthologie et de l'écologie, mais aussi de nous intéresser à ceux de la théorie du langage, de la poétique et de la théorie de l'art, c'est-à-dire à faire réémerger l'approche anthropologico-historique, qui a été écartée en grande partie du fait même de l'opposition de son *alter ago* naturaliste. *Mutatis mutandis*, les exemples déjà anciens de Diderot, Goethe et Nietzsche montrent qu'une telle entreprise n'est pas insoutenable, mais elle pose certainement le problème théorique le plus sérieux que nous ayons aujourd'hui à résoudre. Tel est, à mon sens, le premier et peut-être le principal défi auquel nous devons répondre et c'est pourquoi j'en appelle de nouveau, à cet égard, à la constitution d'un réseau de recherche trans-disciplinaire qui relierait les sciences de l'homme et de la société à celle de la nature et qui, en même temps, pourrait s'engager, en toute connaissance de cause, dans une réhabilitation des contributions abusivement écartées de la théorie du langage et de la poétique.

6.4.2. Mais à cette difficulté déjà ancienne s'en sont ajoutées récemment deux autres. L'une concerne les rapports de l'approche *rhuthmique* avec les approches métriques contemporaines et la place exacte qu'il faut leur concéder. Certaines interprétations récentes du *rhuthmos* reprennent en effet à leur compte, sans aucune distance, les critiques, qui n'ont cessé depuis la fin du XIXe siècle, et qui affirment l'inanité de toute mesure métrique. À ces critiques, qui oublient de distinguer entre les phénomènes observés et ne se préoccupent guère de savoir quels présupposés ontologiques et méthodologiques sont à l'œuvre dans chaque cas, il faut simplement rappeler que la métrique conserve toute sa légitimité quand elle est utilisée, comme dans les sciences de la nature, les sciences de l'environnement et la médecine, ou dans certains arts comme la musique ou la danse, comme un simple outil – et quand elle n'est pas abusivement étendue en une métaphysique cryptoplatonicienne couvrant toute la réalité du monde. Les scientifiques, les médecins et les artistes ne sont en rien responsables des errements de certains philosophes. Comme le disait déjà Aristote, certes le *rhuthmos* n'est pas dans le *métron*, et c'est le *métron* qui est dans le *rhuthmos*, mais celui-là n'en disparaît pas pour autant et reste utilisable sous certaines conditions.

6.4.3. L'autre difficulté apparue récemment tient à une tendance, déjà assez courante, à réintroduire dans la *rhuthmologie* une perspective métaphysique. Certes, personne ne se réfère plus aujourd'hui aux visions obsolètes développées au début du siècle dernier par le courant vitaliste et panthéiste impulsé par Klages et le courant de la *Lebensreform*. Mais certaines interprétations récentes du *rhuthmos* accomplissent une erreur tout aussi dommageable en se mettant cette fois dans les traces des stratégies déconstructionnistes et postmodernes de la fin du XXe siècle. Selon ces nouveaux disciples d'Héraclite, *Πάντα ῥεῖ – Pánta rheî*, tout s'écoule, toujours. L'existence du cosmos et des êtres qui le peuplent pourrait être comparée à un fleuve, c'est-à-dire à un écoulement liquide, nécessairement sans formes. La théorie du *rhuthmos* devrait donc refléter cette « fluidité essentielle » du monde et elle pourrait abandonner tout questionnement sur les spécificités des manières de fluer et sur les moyens de les décrire et de les juger. À ceux-là, il faut répondre que, sauf à en faire une énième version d'une métaphysique indécidable et trop vague pour être utile, la *rhuthmologie* doit rester attachée à son ambition de décrire et critiquer précisément, anthropologico-historiquement, les manières de fluer des êtres et surtout des individus singuliers et collectifs humains qui peuplent le monde. Faute de quoi, elle ne peut que se retrouver devant les mêmes impasses éthiques, politiques et artistiques qui ont bouché la route de tous les héraclitéismes simplistes de la fin du siècle dernier. Elle ne peut que tomber dans un nouveau relativisme.

Une perspective pour le XXIe siècle

7. En dépit de ces difficultés et dans la mesure même où nous sommes conscients de chacun des obstacles précis qu'elles constituent, une nouvelle perspective *rhuthmique* est désormais à notre portée.

7.1. Il reste, il est vrai, encore beaucoup à faire du côté *rhuthmologique*. Les chantiers à développer – on en a relevé un certain nombre plus haut – ne manquent pas. Il serait ainsi certainement très utile d'examiner de près la question du rythme chez certains romantiques allemands, en particulier chez Hölderlin et Goethe. On pourrait aussi étudier avec profit les approches du rythme qui ont été si nombreuses et diverses dans la première moitié du XXe siècle, chez les économistes, les philosophes, les sociologues, les anthropologues, les poètes, les gens de théâtre, les cinéastes, les musiciens, les danseurs, les architectes et les peintres, mais aussi chez les psychologues expérimentaux, les médecins et cardiologues, les biologistes. De même, il faudrait compléter l'étude des contributions de Benveniste, Barthes et Meschonnic à la constellation rythmique des années 1970. De même encore, il faudrait certainement reprendre les travaux des sociologues, des anthropologues, des philosophes et des spécialistes de poétiques qui ont commencé dès les années 1990 à réintroduire des perspectives *rhuthmiques* dans leurs démarches. Mais les quelques travaux déjà réalisés esquissent déjà un cadre historique et théorique suffisamment robuste, qui nous fournit une vision assez claire des conflits entre *metron* et *rhuthmos*, et une batterie de concepts utilisables pour décrire, comprendre et affronter la fluidité organisée du monde naturel et des sociétés humaines.

7.2. La situation est presque symétriquement inverse du côté *rhuthmanalytique*. Il existe déjà une quantité impressionnante de travaux analytiques qui fournissent une base très conséquente d'informations sur les rythmes de notre monde culturel, social et naturel. Mais ces informations ont du mal à s'agglomérer les unes aux autres et restent le plus souvent dans un état de dispersion qui ne nous permet pas de juger de ce qui est en train de se passer. Le travail qui est devant nous, de ce côté, serait donc plutôt de trier et d'organiser cette masse de connaissances pour le moment sans liens et de lancer de nouvelles enquêtes sur des bases rénovées qui dépasseraient les schémas métriques encore dominants. Pour cela, il va nous falloir transformer la rythmanalyse, conçue par Bachelard et Lefebvre à partir de prémisses aujourd'hui obsolètes, en ce que l'on pourrait appeler, d'une part, une *rhuthmanalyse générale* susceptible d'intégrer les études existantes en un corpus cohérent, et d'autre part, des *rhuthmanalyses appliquées* visant les divers processus d'individuation et de subjectivation singulière et collective observés à chaque fois dans leurs spécificités historiques, et désormais dans leurs rapports de plus en plus problématiques avec leur environnement. En avançant sur ces deux fronts à la fois, on pourra alors éclairer les enjeux artistiques, éthiques et politiques propres à cette première moitié du XXIe siècle.

7.3. À nous donc d'étendre encore notre réflexion *rhuthmologique*, à nous de la développer, de lui donner la consistance nécessaire et d'en faire un outil critique adéquat au monde et aux problèmes qui sont désormais les nôtres. À nous également de poursuivre et d'approfondir les différentes entreprises rythmanalytiques déjà engagées par nos prédécesseurs, de les systématiser et de les transformer en une et des *rhuthmanalyses* adaptées au flux organisés du monde naturel, des sociétés humaines d'aujourd'hui, et de leurs rapports de plus en plus tendus.

Index